LA VIDA
NO ADMITE
REPRESENTANTES

BJB Biblioteca
Jorge
Bucay

JORGE BUCAY

LA VIDA NO ADMITE REPRESENTANTES

DEL NUEVO EXTREMO

OCEANO

Nadie puede buscar por ti.

Nadie puede aprender por ti.

Nadie puede crecer por ti.

Nadie puede hacer por ti
lo que tú debes hacer por ti.

Porque la vida...
no admite representantes.

LA VIDA NO ADMITE REPRESENTANTES

© 2020, Jorge Bucay

Diseño de portada: Departamento de Arte de Océano
Fotografía de portada: Huella dactilar © PRILL/Shutterstock.com

© 2021, Editorial del Nuevo Extremo, S.L.

D. R. © 2022, Editorial Océano de México, S.A. de C.V.
Guillermo Barroso 17-5, Col. Industrial Las Armas
Tlalnepantla de Baz, 54080, Estado de México
info@oceano.com.mx

Primera reimpresión: julio, 2022

ISBN: 978-607-557-235-2

Impreso en México / Printed in Mexico

Índice

Introducción

Hace casi veinte años escribí este texto para el anuncio público de la aparición en España de la revista *Mente Sana*, un magazine mensual sobre temas de desarrollo humano que yo dirigiría y editaría durante más de una década, con gran repercusión y mayor orgullo:

Hablo de felicidad,
pero no de la felicidad confundida con alegría, sino de aquella ligada a la serenidad absoluta que solamente puede dar la certeza de caminar en el rumbo correcto.
Hablo de libertad,
pero no de la libertad absurda que muchos confunden con omnipotencia, sino de aquella que nos hace responsables de todo lo que hacemos y decimos, así como de todo lo que decidimos callar o no hacer.
Hablo del amor,
pero no de cualquier amor, sino solamente del verdadero amor. Ese que poco tiene que ver con la pasión enamoradiza. Ese que no condiciona, que no impone y que no quiere poseer ni dominar. Del amor que no es excluyente ni tiene límites. Ese que sólo pretende el bienestar y el crecimiento de aquello que es objeto de su amor, porque le regocija la sola existencia de la persona amada; nada más y nada menos.
Hablo, por eso, de aquellos que hemos aprendido que el amor a los demás se potencia en el amor por uno mismo; que el valor de la propia libertad sólo la pueden comprender los que trabajan por ser libres, y que la felicidad puede ser

mucho más que un momento si nos hacemos responsables de hacer de nuestros propósitos, un rumbo.

Hablo, en fin, para aquellos que aprendimos a amar sintiéndonos libres, felices y amados alguna vez; todos los que aprendimos en carne propia la incuestionable verdad de aquella frase de William Schutz, que le diera nombre a su libro:

Todos somos uno

Una idea poderosa que deja al descubierto el hecho de que incluir a otros, próximos o lejanos, en nuestras vidas es, paradójicamente, la mejor manera de ser solidaria y sanamente egoístas.

Hoy, alejado de la tarea editorial, veo ese texto en mi pantalla y al releerlo me sorprendo tanto como me alegro al darme cuenta de que sigo pensando exactamente lo mismo respecto de estos puntos.

Alegría por haber podido mantener en el tiempo, desde todos los foros, esas mismas banderas, lo que me reafirma en su verdad esencial. Sorpresa, querido lector, querida lectora, porque de muchas maneras —ni yo ni ustedes— somos los mismos de entonces, y porque más allá de nosotros, el mundo que habitamos, seguramente, tampoco es el mismo.

Sólo en los últimos veinte años, muchas cosas han pasado:

- Sufrimos los atentados en las Torres Gemelas, en Nueva York, y en Atocha, Madrid.
- Las redes sociales en internet se popularizaron en todo el mundo, volviéndose el foro excluyente de comunicación masiva.
- Tsunamis y terremotos arrasaron Japón e Indonesia.
- Se descifró el genoma humano.
- Se desarrolló el método CRISPR.
- Vivimos varias pandemias de nuevos virus, como el H1N1 y el SARS-CoV-2.
- Murieron Michael Jackson, Stephen Hawking y Robin Williams.

- La más grave crisis económica desde los años treinta azotó el mundo
- La masacre de la escuela de Beslán nos mostró a terroristas chechenos colocando a niños como escudos en las ventanas de la escuela tomada.
- Por primera vez un hombre negro fue elegido presidente en Estados Unidos.
- Se desató la Primavera Árabe.
- Varios grupos terroristas vinculados al fundamentalismo islámico mantuvieron en alerta a todo Occidente.
- Aparecieron Facebook y el teléfono móvil inteligente.
- Se difundió por el planeta la lucha por la igualdad de la mujer y el modelo social inclusivo.
- El escándalo de la página web de WikiLeaks.
- El Reino Unido anunció el Brexit.
- La Catedral de Notre Dame se incendió reduciendo gran parte de su estructura a cenizas.

- Abdicó el papa Benedicto y se nombró a Francisco I.
- ETA e IRA depusieron *in aeternum* la lucha armada.
- Se produjo la masiva llegada de refugiados a Europa huyendo del hambre y de la guerra de Medio Oriente.
- Varios países aceptaron el matrimonio igualitario.
- Malala Yousafzai recibió con 19 años el premio Nobel de la Paz.
- Se descubrió y desarrollo la nanotecnología.
- Se demostró que eran posibles la clonación y el desarrollo de células madre.
- Se demostró que existe la neurogénesis tanto celular como funcional.
- China compite con Estados Unidos por ser primera potencia mundial.

Estos hechos que marcaron el ingreso en el siglo XXI son una parte de aquellos que, a mi parecer, cambiaron el mundo.

Pero también en estos años:

- Murió mi madre.
- Y pocos años después, murió también mi padre.
- Nacieron mis cuatro nietos.
- Por primera vez en mi vida me animé a escribir una novela (*El candidato*) que fue premiada en la ciudad de Torrevieja.
- Abandoné mi tarea asistencial y mi consulta.
- Murió Héctor, mi amigo y compañero de ruta durante veinticinco años.
- Desarrollé en Durango, México, el proyecto Desarrollo Humano para Todos, con el fin de hacer realidad un sueño: demostrar que la educación es la herramienta de corrección de los grandes males de la sociedad.
- Fui invitado y visité treinta y ocho de los cincuenta y dos países donde se editan mis libros.
- La madre de mis hijos y yo decidimos dejar de ser un matrimonio difícil y nos transformamos en la amorosa familia que somos.
- Asumí el desafío de montar frente a ocho mil personas mi performance *El circo de tu vida* en México y lo repetí después en España.

- Con sorpresa fui criticado, injuriado y censurado por algunas personas a las cuales no conozco ni me han leído nunca.
- Con igual o mayor sorpresa fui halagado, premiado y recomendado por otras tantas que quizá tampoco saben nada de mí.

Hechos mundiales y personales que, entre todos, sin lugar a dudas, cambiaron mi vida en lo personal.

¿Y tú? ¿Cómo has pasado estos veinte años?

¿Cuál ha sido tu camino?

Te invito a que detengas la lectura y durante cinco o diez minutos te dediques a pensar en las diez cosas —o cinco o tres—, situaciones, cambios y circunstancias que transformaron tu vida y la de aquellos a tu alrededor. Y después, si quieres, te invito a tomar nota aunque sea de los titulares de esos eventos, para pensar más tarde en qué haremos con ellos.

Qué tratamiento les daremos, en qué lugar esconderemos, de qué forma mostraremos, cómo seguiremos, con todas esas cosas, grandes o pequeñas, que han pasado en estos años, en nuestras vidas y la de todos.

Decía el gran Antonio Porchia:

> **Me hicieron de cien años algunos minutos que se quedaron conmigo, no cien años.**

Había una vez dos monjes zen que caminaban por el bosque de regreso al monasterio. Cuando llegaron al río, una mujer lloraba en cuclillas cerca de la orilla. Era joven y atractiva.

—¿Qué te sucede? —le preguntó el más anciano.

—Mi madre se muere. Está sola en casa, del otro lado del río, y yo no puedo cruzar. Lo intenté —siguió la joven—, pero la corriente me arrastra y no podré llegar nunca al otro lado sin ayuda… Pensé que no la volvería a ver con vida.

Pero ahora… Ahora que han aparecido ustedes, alguno de los dos podrá ayudarme a cruzar…

—Ojalá pudiéramos —se lamentó el más joven—. Pero la única manera de ayudarte sería cargarte a través del río y nuestros votos de castidad nos impiden todo contacto con el sexo opuesto. Lo tenemos prohibido… Lo siento.

—Yo también lo siento —dijo la mujer. Y siguió llorando.

El monje más viejo se arrodilló, bajó la cabeza y dijo:

—Sube.

La mujer no podía creerlo, pero con rapidez tomó su hatillo de ropa y subió a horcajadas sobre el monje.

Con bastante dificultad, el monje cruzó el río, seguido por el joven.

Al llegar al otro lado, la mujer descendió y se acercó al anciano monje con intención de besar sus manos.

—Está bien, está bien —dijo el viejo retirando sus manos—, sigue tu camino.

La mujer se inclinó con gratitud y humildad, recogió sus ropas y corrió por el camino hacia el pueblo.

Los monjes, sin decir palabra, retomaron su marcha al monasterio. Aún les quedaban diez horas de caminata…

Poco antes de llegar, el joven le dijo al anciano:

—Maestro: usted sabe mejor que yo de nuestro voto de abstinencia. No obstante, cargó sobre sus hombros a aquella mujer a través de todo lo ancho del río.

—Yo la llevé a través de todo lo ancho del río, es cierto, pero ¿qué te pasa a ti que todavía cargas con ella sobre los tuyos?

La sentencia de Porchia suena contundentemente cierta, y aunque veinte años no son cien años, son muchos años.

Ojalá puedas coincidir conmigo y aceptar sin dudarlo la secuencia de los hechos históricos que, más allá de nuestra valoración de ellos, anidan en nuestros recuerdos. En lo personal sé que gracias a estos hechos de dentro y de fuera, buenos y malos, alegres y tristes, y especialmente gracias a la forma en la que se presentaron, soy quien soy.

Dicho de otra forma, soy (como tú) resultado de todo lo que viví, padecí o disfruté, y cualquier cosa diferente habría producido un Jorge Bucay diferente con un presente distinto.

Pensemos en esto: si me satisface ser este que soy, y serlo es consecuencia de todo lo anterior, debería yo tener cuidado y honrar permanentemente mi historia, haya cursado con risas o con lágrimas, haya sido fácil o complicada, haya sido cuesta abajo o cuesta arriba.

Con este planteamiento, se comprende perfectamente que si no me satisface lo que soy, lo que siento y como vivo, reniegue de todas esa "malditas cosas" que no era justo que pasaran, me enoje con mi pasado y me queje de mi destino.

Una vez más…

Me hicieron de cien años algunos minutos que se quedaron conmigo, no cien años.

El final de un ciclo, el comienzo de otro

Siempre cuento que una tarde, mientras regresaba a mi casa desde el centro de la ciudad, me percaté de que el contador de kilómetros de mi automóvil marcaba 9999. Obviamente no era importante ni debería ser significativo en ningún sentido; y sin embargo, registré de pronto un pequeño escalofrío diferente, mezcla de excitación y repentino interés por ese número, que sabía igual, exactamente igual a todos los anteriores, pero que me puso más alerta, un pelín ansioso y tan pendiente del hecho como para bajar la velocidad y anclar el rabillo del ojo en el pequeño reloj de mi tablero. Luego, cuando el pequeño número cambió a 10,000, la sensación se transformó en una gran alegría inexplicable que me dibujó una sonrisa en el rostro y me dejó hasta llegar a casa con una cierta absurda vivencia de plenitud y liviandad.

Al entrar en la casa y pasar frente al espejo del vestíbulo, mi sonrisa un poco mayor que la de los otros días me obligó a preguntarme: ¿de dónde proviene todo este bienestar y este inusitado entusiasmo extra?

Los números redondos arrastran consigo una especie de magia, ¿no es cierto?

Recuerdo el movimiento brutal que presenciamos tú y yo cuando el mundo entero festejó el final del año 1999 y la llegada del 2000 y los festejos "diferentes" que planeamos cuando nosotros o alguien de nuestros afectos está a punto de cumplir los cuarenta o los cincuenta o los ochenta.

Se me ocurre que es el resultado de nuestra costumbre de empaquetar las cosas, los tiempos y las situaciones en "lotes" de determinado número de componentes. Ese cero, al final de cuentas, produce en quien lo registra la idea de un "final de algo" y un "comienzo de otra cosa". Y aunque el final no sea tal y el comienzo se parezca demasiado a lo anterior, ese número redondito produce un cierto efecto de "página en blanco", que nos fuerza a pensar, por lo menos, en la idea de un nuevo ciclo.

Los números "redondos", que no tienen por qué ser "redondos" ni cuadrados, ni angulares, ni distintos, nos producen, con la misma "in-justificación" una sensación similar a la vivida cada 31 de diciembre, día en la que al unísono aguardamos con cierta exaltación la llegada del primero de enero del año que comienza, llenos de proyectos para el nuevo año.

Estos momentos mágicos, que simbolizan fines de un ciclo y nuevos comienzos en cualquier sistema, estos "hitos" puramente racionales, nos hacen pensar que hemos "cumplido" una parte de la tarea, que hemos llegado a algún lugar lleno de significado y que motivados por ello podemos y queremos encarar lo que sigue limpios y frescos, con toda la experiencia de lo aprendido en el ciclo anterior y toda la fuerza del deseo de comenzar "de nuevo". (Tantos entrecomillados podrían darnos la certeza de que nada es lo que parece y de alguna forma es exactamente así, excepto por la motivación renovada que es real y muy útil.)

Los que son más pragmáticos, o menos románticos, aunque se llamen realistas, sostienen que esto es poco menos que un autoengaño. Que ninguna fecha ayudará a que seamos distintos de como siempre hemos sido, que todo seguirá su curso, más allá de la redondez del número de la cuenta y de los caprichos de los almanaques y de los documentos de identidad, que no hay más diferencia que un par de momentos entre esos ceros y el siguiente uno. Pero aquellos que, como yo, creemos en la posibilidad de las personas de transformarse, preferimos pensar que nuestra capacidad creadora necesita y utiliza algunos estímulos para motivarse y que al hacerlo, con cualquier excusa, es capaz de romper, real y efectivamente, la inercia de cualquier cosa que venga, encarando lo que sigue con una actitud positiva y constructiva.

Parafraseando al gran poeta portugués Fernando Pessoa:

> Nada cierto nos une con nosotros, los de antes.
> De un día a otro, nos desamparamos.
> Porque somos quienes somos
> y es cosa vista por dentro,
> que también somos los que fuimos.

Podemos elegir, cada día, la manera de trabajar con lo de afuera y lo de adentro para llegar a ser lo que queremos ser, para hacer lo que hacemos de la mejor manera posible, para llegar al lugar en el que siempre quisimos estar. Es cierto que nuestro pasado nos condiciona, pero puede hacerlo más de lo que nos gustaría o menos de lo esperado, dependiendo de nuestra actitud (la experiencia es maravillosa, el condicionamiento no tanto). Somos capaces, todos, de reinventarnos cada día. ¿Podría acaso dejar mi tarea de escritor o de terapeuta y dedicarme al cultivo de las fresas? Por supuesto que podría, aunque tuviera para eso que pasar a una zona de menos confort durante un tiempo, aunque nada garantiza que me convierta en un buen agricultor, aunque nadie pudiera asegurarme de que sería capaz de vivir de esa actividad, pero seguramente podría cambiar mi actividad por ésa o por otra si estoy dispuesto a correr algún riesgo. Y de hecho supongo que este ciclo terminará alguna vez, como lo hizo el ciclo de tener una consulta y atender pacientes.

El comienzo de un ciclo nos recuerda una verdad que siempre ha estado allí. Nos reconcilia con la certeza de que basta con decidirlo para hacer de cualquier momento un nuevo comienzo, pero que nos es más sencillo apoyarnos en un hecho externo para llevarlo a la práctica.

Cuentan que una vez, un estudiante avanzado del zen viajó hasta la ermita del viejo maestro Qian Feng para hacerle una pregunta que había estado ponderando desde hacía mucho tiempo. Cuando finalmente estuvo frente al maestro que aguardaba en calma sobre su tatami, el estudiante se arrodilló y dijo:

—Maestro, sé que todas las direcciones conducen a la morada de Buda, pero también sé que sólo un camino lleva hasta las puertas del Nirvana. Sólo te pido, maestro, que me digas dónde comienza ese camino.

Qian Feng se puso entonces de pie, dio un par de pasos hacia el estudiante y, con el extremo de su bastón, trazó una línea sobre la tierra justo delante del rostro de su discípulo.

—Aquí —dijo.
Y sonriendo, el maestro volvió a sentarse sobre su tatami.

Ciertamente el camino del cambio, como el de la congruencia, como el de la excelencia, como el de la consciente continuidad, siempre puede comenzar aquí y ahora, en el momento exacto en que así lo decidimos, ya que el momento oportuno es este instante, pero… ¿Por qué no aprovechar el empujón que nos da el abracadabra matemático de un numero redondo, o de una situación especial, cualquiera que sea, para renovar el interés o el compromiso con nuestra existencia?

Vuelvo a pensar en la revista *Mente Sana*, cuyos editoriales durante una década dieron nacimiento a los textos de este libro. Recuerdo cómo nos fuimos encontrando todos los que pretendíamos hacer un producto cuidado y noble que llevara las palabras, que alguna vez algunos maestros nos enseñaron, a las casas de todos. Pasamos por momentos gloriosos y de los otros, prósperos y austeros, de siembra y de cosecha, de sorpresa y de confirmación. Y la salida del número 100 por esta estúpida historia del redondeo pareció ser el galardón que confirmaba que lo habíamos conseguido…

Me honra pensar que algunos de aquellos rebeldes —junto a mí— contribuyeron aunque sea tibiamente a cambiar en muchas personas la imagen que tenían de algunas cosas; especialmente cambiar el prejuicio que sostiene con convicción que no se debe pensar en el propio bienestar.

Es cierto que la palabra *egoísmo* sigue teniendo cierta carga negativa y reprochable; es verdad que se la sigue confundiendo con la incapacidad de querer al prójimo, con la egolatría, con la vanidad y con la codicia, es indudable que en el lenguaje coloquial nos sigue sonando a insulto; pero nos es menos cierto que la mayoría de nosotros ha aceptado que una parte de las herramientas necesarias para la búsqueda de una mínima calidad de vida se apoya en el sentimiento saludable de cierto amor por uno mismo.

Pretendíamos entonces lo mismo que deseamos ahora: que nadie se deje engañar por los hipócritas de la doble moral, que se llenan la boca acusando a todo y a todos de individualistas o egoístas, levantando enormes banderas de loas al altruismo mientras ocultan de nuestra mirada sus vidas mezquinas, su historia corrupta y su conducta verdaderamente inmoral. Me satisface saber que hemos hecho lo que mejor pudimos para cumplir esa misión y que de muchas formas el resultado es bueno.

Y tú, amado lector, amada lectora, que me has acompañado desde entonces, o tú que te has sumado a mi desafío en algún momento de este medio siglo, o tú que por primera vez te acercas a esta ventana, te pregunto:

¿Qué te propones ser y hacer en tus próximos diez años? Atrévete a imaginarlo.

Esta respuesta podría ser, y quizá sea, el primer paso de un nuevo ciclo en tu vida.

Un ciclo en el que tú eres lo único imprescindible.
Un nuevo tiempo que, si tú lo deseas, comienza ahora.

Conocerse mejor

*T*e propongo un juego. Es un ejercicio terapéutico, pero no esperes rigor científico en esta oportunidad, tómalo como una vía para avanzar unos milímetros en el camino de conocerte más. Se trata de la ventana de Johari, y de alguna forma intenta mostrar la manera en que te relacionas con el mundo.

Mira el cuadrado que tienes abajo. Es tu área de trabajo. Dibújalo en un papel y ve haciendo el ejercicio a medida que lees, eso te dará más oportunidades de descubrir cosas de ti mismo que si lo realizas después de conocer exactamente lo que revela este test y sus resultados.

Así que adelante.

Copia en una hoja cualquiera este cuadrado y comencemos

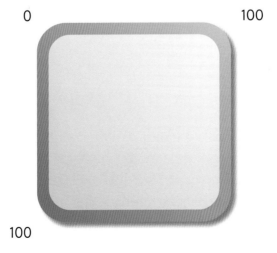

0   100

100

PRIMER PASO. Tienes que contestar una pregunta. Pero antes, un punto importante: ¡no mientas! No trates de contestar "lo correcto". Sé sincero para sacar provecho de ello —aunque sea por una vez.

Tomando la línea horizontal superior del cuadrado, como si fuera una escala que va de 0 a 100, ¿cuánto te importa lo que los demás digan de ti? Lee de nuevo la pregunta antes de determinar la respuesta. ¿Quizá necesites saber quiénes son "los demás" a los que me refiero? Trabajaremos en la referencia del grupo social intermedio, es decir, las personas que no son tus amigos íntimos ni tu familia. Hablamos de vecinos, compañeros de trabajo, compañeros de futbol, o de clases de salsa…

Como guía te diré que el 0 es para los que dicen: "A mí no me importa lo que digan o si les gusto o no", " Si no pertenecen a mi grupo cercano, paso de ellos, que digan lo que quieran, me importa un bledo".

En la otra mano, el 100 corresponde a los que padecen el "síndrome del adivino", llamado así en honor a ese cuento en el que se cruzan dos adivinos y uno le dice al otro: "¿Qué tal?", y el segundo contesta: "Tú bien. ¿Y yo cómo estoy?". Es para los que saben y aceptan que viven pendientes de lo que los demás opinan sobre ellos.

Entre esos dos extremos absurdos e imposibles estamos el resto, y cualquier respuesta es válida (salvo 50, que es mentira…y habíamos acordado no mentir).

Decídete y pon tu marca.

Si yo tuviera que poner la mía en esa escala de 0 a 100, creo que hoy sería 78.

SEGUNDO PASO. Ahora la segunda y última pregunta: de 0 a 100, ¿cuánto te animas a decir lo que opinas, le moleste a quien le moleste? Pon una marca en la línea vertical izquierda del cuadrado. El 0 es para los que en caso de votación esperan a los demás para sumarse a la mayoría. El 100 es para los que orgullosamente dicen: "¡Ah, no! He gastado mucho dinero en psicoterapia para tirarlo a la basura, así que yo siempre digo lo que me sale, porque si no, se me perfora la úlcera". Como antes, el 50 (respuesta numérica del falso "más o menos" diplomático) lo dejamos censurado por mentiroso.

Mi segunda respuesta es 32.

Tu cuadrado debería quedar así con las marcas en los valores que hayas puesto:

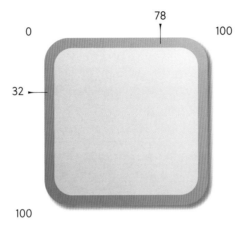

TERCER PASO. Ahora se trata de prolongar en el cuadrado tu marca superior hacia un lado dividiéndolo en dos rectángulos.

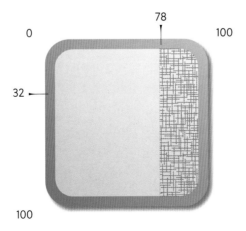

Y luego rayar o pintar el rectángulo formado a la derecha para diferenciarlo del otro. El mío queda tal como puede verse.

Si imaginamos que todo lo que soy, todo lo que pienso y siento, la suma de mis creencias, virtudes y defectos está representada en los puntos del cuadrado dibujado; y resultará que en el rectángulo de la izquierda está simbolizada la suma de todo lo que sé que los demás dicen de mí. Y lo sé porque lo escucho, porque los demás lo dicen y porque a mí me interesa. Nadie escucha lo que no le interesa.

En cambio, el rectángulo de la derecha es la suma de todo lo que otros dicen de mí, pero yo no escucho. Y no lo escucho porque no me importa. El asunto podría parecer intrascendente, pero como expuso el investigador Joseph Luft, el primer diseñador de esta ventana, lo que soy capaz de escuchar determina cuánto sé de mí, ya que es innegable que los demás ven cosas de mí que yo no alcanzo a percibir. Para ver mi rostro, por ejemplo, la parte que más me define, necesito de un espejo, no puedo mirarme con mis propios ojos. Del mismo modo necesito de otros para ver aquellas cosas mías que están en un punto ciego de mi mirada. Nos guste o no, el espejo que refleja lo que somos y no vemos es la mirada de los demás y la línea trazada determina hasta dónde estoy dispuesto a escuchar a los otros. El rectángulo de la izquierda muestra cuánto sé de mí y el de la derecha lo que decido ignorar, aunque los demás lo vean con nitidez.

CUARTO PASO. Ahora prolonga hacia la derecha la segunda marca y raya también el rectángulo inferior, en otra dirección o píntalo de otro color. Mi cuadrado queda así.

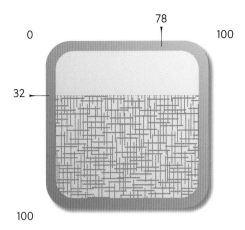

Ahora la mitad superior del rectángulo representa lo que muestro de mí y todo lo que queda debajo de la línea que acabas de prolongar es lo que escondes de los otros. (Porque como recordarás es la línea que marca lo que no te animas a mostrar.)

Si eres como yo y como la mayoría de las personas que hacen este test, quizá sientas ahora la tentación de cambiar alguna línea. Incluso sostendrás que entendiste mal... Resiste la tentación y analiza tu cuadrado como está ahora. No te enojes con él, es sólo un recurso para aprender.

RESULTADO DEL EJERCICIO. Todos somos la suma de muchos yoes fundidos en uno.

Y si somos la suma de todos esos puntos del cuadrado, debemos admitir que hay aspectos de mí que conozco (a la izquierda de la vertical) y otros que ignoro. Así como hay partes de mí que me animo a mostrar (arriba de la horizontal) y otras que prefiero que no se vean.

Las dos líneas que se cruzan determinan cuatro sectores y cada uno de ellos podríamos ponerle un nombre que lo identifique, siguiendo en la línea de este "psicologismo salvaje".

Seré yo el conejillo de Indias ya que no tengo otro cuadrado que analizar.

Hay, arriba y a la izquierda, un sector que llamaremos el Jorge **libre** que contiene lo que sé de mí y me animo a mostrar sin conflicto.

Hay también —¡cuánto me duele admitirlo!— arriba y a la derecha la zona de contenidos de un Jorge **negado**. Es donde están esos aspectos que me cuesta aceptar, aunque los demás, acercándose un poco, los noten sin esfuerzo.

Asimismo existe un Jorge **secreto**, abajo y a la izquierda, que contiene lo que sé que soy y reconozco, pero me ocupo voluntariamente de esconder de la mirada de la mayoría. Mencionemos por último el sector del Jorge **oculto**, el pedazo de mí que ni yo ni los demás podemos ver con facilidad, el más oscuro de todos.

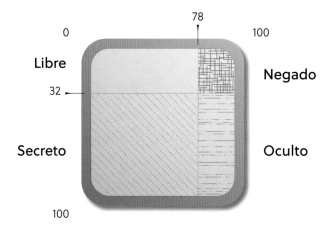

Ésa es la mía hoy, tu ventana se parecerá a ella o no pero siempre tendrá cuatro sectores.

Básicamente hay cuatro tipos de ventanas; veamos qué significa y a qué corresponde cada una de ellas:

1. Esta ventana, como la mía, pertenece a las personas abiertas a escuchar a los demás, pero más reacias a mostrarse. Algunos pueden ser algo intrigantes y estar llenos de secretos.

2. Es la ventana de los que les cuesta aceptar las críticas y a veces llegan a romper vínculos, disgustados, porque consideran la opinión de los otros injusta y hostil.

3. Todos los que están en proceso de duelo o de grandes cambios suelen tener ventanas como ésta. Corresponde a personas que no quieren exponerse ni tienen demasiado interés en los demás. Es la ventana de los que sienten miedo, están deprimidos o atraviesan un momento difícil.

4. Y por último la mejor ventana que se podría tener. Es la más luminosa y corresponde a la de los seres libres, auténticos y abiertos. En ella se puede encontrar **un gran yo libre**, un poco de **yo negado** y algo de privacidad para el **yo secreto**. También existe un minúsculo **yo oculto** listo para ser descubierto.

Yo creo firmemente que la luz entra a nuestras vidas por el cuadrante libre. Y cuanto más grande sea esa parte, mejor y más auténtica podrá ser nuestra existencia.

Si esto es verdad, la pregunta sería: ¿cómo se construye una ventana así? ¿Qué podría hacer alguien que hoy se encuentra con sinceridad con una ventana muy oscura, con un yo oculto demasiado grande? El ejercicio señala el camino. Debería desplazarse la línea vertical hacia la derecha y la horizontal hacia abajo… Fácil de decir.

Pero, en la práctica, ¿cómo se hace? Pues escuchando más y animándonos a mostrarnos más tal y como somos.

Aprender

Es un tanto difícil mantener los oídos "conectados" todo el tiempo. Vivimos rodeados de expertos en casi todo, de vecinos protagonistas de hazañas sólo sabidas por ellos mismos y de demasiados enamorados de su propio discurso. Sin embargo, es indudable que uno de los pasos en nuestro camino hacia la superación personal es escuchar. No hablo de hacer una pausa en lo que digo y permitir que, mientras tomo aire, el otro se dé el lujo de decir algunas palabras. No me refiero a buscar en las palabras del otro la forma de enlazar "con arte" mi propio argumento. Hablo de escuchar activa y comprometidamente y comprender lo que hay de acuerdo y de desacuerdo en lo que me dice otro.

Por otro lado, ¿por qué nos cuesta tanto abrirnos a la comunicación sincera y abierta? La respuesta es clara: tememos aceptar nuestros errores, nuestras limitaciones, nuestras carencias. Estamos demasiado encerrados en nuestras creencias y les damos la convicción de certeza absoluta, o simplemente no queremos enterarnos de algunas otras verdades. Tendemos a escuchar sólo lo que queremos oír y esconder lo que no nos conviene exponer.

Por último y por si acaso alguien no quisiera enterarse de la dimensión verdadera de este desafío del que hablamos: hablo de escuchar, no de obedecer. De escuchar, no de someterse. De escuchar, no de estar de acuerdo. De escuchar, no de anular las propias ideas. Escuchar, especialmente para aprender la parte del todo que todavía ignoramos. Esto conlleva, claro, una importante cuota de humildad, porque aprender siempre es un acto humilde. Abrir los oídos debería servir para darnos cuenta de que no tenemos —nadie lo tiene— el monopolio de la verdad y centrarnos en la necesidad de completarnos con la verdad de los otros. El que no se anima a bajar del pedestal nada puede aprender de los demás a los que, sin escuchar, desprecia porque supone o, peor aún, decide que nada pueden enseñarle. Hay que encontrar el lugar de la humildad del que sabe lo que no sabe y está decidido a aprender.

Autenticidad

*L*a autenticidad podría ser reconocida como uno de los pilares a tener en cuenta en el desafío de crecer y desarrollarse como personas, y también podría ser el foco de aquellos que se burlan de las preguntas de Perogrullo: ¿por qué tanta lata con esto de ser uno mismo? ¿Es que acaso se puede dejar de serlo? Después de todo, sea como fuere, siempre soy yo el que hace, el que dice y el que piensa… ¿O no?

En la misma línea podríamos plantear todos los discursos y los textos psi, la validez y pertinencia de conceptos como "Vive hoy" o "Vive aquí y ahora" (¿qué otra posibilidad cabría, si hablamos en sentido estricto?)

En lo personal creo que ambos cuestionamientos tan racionales no están exentos de cierta intencionalidad descalificadora y banal valiéndose para ese objetivo de una literalidad absurda y nada inocente.

Lo que sucede es que el elogio de la autenticidad no trata de convencerte de que tú eres tú y de que tu existencia está sucediendo en este lugar y en este momento, eso es obvio; se trata de traer tu conciencia plena a ese hecho, para así empujar en ti una actitud que no esté centrada en tu imaginario, en tu penar por lo pasado ni en tus expectativas para el futuro.

El "consejo" es, pues, no te distraigas, deja de usar tu tiempo en lo que sucedió y que no puedes cambiar o en lo que todavía no sucede. Ocúpate más de centrarte en el presente y disfrútalo o padécelo, con todo tu corazón y con toda intensidad.

Tampoco se trata de creer que tú puedes dejar de ser tú, por la vía de tomar algunas decisiones acertadas, ya que por ese camino sólo terminarías, como máximo, siendo tú actuando como si no fueras tú. Al contrario, esta arenga se trata de la saludable decisión de aceptar que eres quien eres y que está bien que así sea; se trata de cancelar el esfuerzo de pretender dejar de ser como eres, de exigirte cambiar o de querer parecerte a no se sabe quién.

Sé auténtico significa "sé tu mismo", es decir, no quieras ser más que quien eres (ni menos), no te enojes con tus errores y defectos, no reniegues de tus carencias, no mutiles esos aspectos de ti que a algunos otros no les parecen atractivos. "Ser uno mismo" implica defender frente a todo y a todos la lealtad para con la propia manera de ser y de pensar, y es la mayor expresión del autorrespeto, ser fiel a los propios principios, ideas y sentimientos.

Hago una pausa para reírnos juntos de lo opuesto de esa lealtad, recordando al más grande humorista de la historia: Groucho Marx.

En una escena de una película, él discute acaloradamente con alguien a quien le pide un trabajo, que él y sus hermanos necesitan con urgencia. De pronto, frente a una propuesta del empresario, Groucho parece plantarse y con firmeza dice: "Mire, señor, ¡éstos son mis principios! Y si no le gustan… tengo otros…".

Auténticas son aquellas personas cuya conducta y palabras son congruentes con su pensar y sentir, que son capaces de sostener un perfil personal a lo largo del tiempo, que no viven disculpándose o disimulando sus opiniones, fluyen simplemente interactuando con otros y con el mundo, como dijimos, fieles a sí mismas.

Esta fidelidad es muchas cosas: valor, derecho y obligación, además de una poderosa herramienta para una vida más saludable.

Acompáñame en este clásico ejemplo que propone la psicología freudiana:

- Imagina que te avergüenza mostrar algunos aspectos de ti.
- Imagina que los escondes en un barril para que nadie los vea.
- Imagina ahora que sumerges ese barril bajo el agua para ocultarlo.

Adivinas lo que sigue, ¿verdad?

Estarás condenado para siempre a hacer presión en el barril para mantenerlo oculto, ya que en cuanto aflojes la tensión, en cuanto te descuides, en cuanto quieras dejar esa tarea, el barril emergerá mostrando lo que trataste de esconder.

No es metafórico decir que el gasto de energía que se consume en esta tarea se "roba" de la que precisamos para vivir nuestra mejor vida.

La autenticidad requiere, desde el principio, la decisión y la valentía de pararse en los propios pies y defender lo que uno es, aunque no sea más que para comenzar un proceso de cambio (no puedo cambiar lo que soy si no parto de saberlo).

Es interesante destacar que esta actitud irrespetuosa para con uno mismo configura la base de todas nuestras conductas neuróticas, ya que explicada en los términos más simples y breves mi neurosis es la suma de todo lo que hago en contra de mi esencia y mi naturaleza, con el único fin de conseguir ser querido y aceptado; aunque en el fondo de mí me persiga la

angustia de saber que, tarde o temprano, se dejará ver el truco y se perderá lo que ilegítimamente he conquistado.

Los que trabajamos en salud mental asistimos, con no poca preocupación, al fenómeno habitual de renegar de la propia identidad, moneda corriente entre los jóvenes navegantes de las redes sociales. Otro nombre, otra edad, otra ocupación y hasta otra apariencia (conozco a quienes cuelgan fotos que no les pertenecen con el objetivo de interesar a otros), como dando por sentado que el propio aspecto o personalidad no serán suficientemente atractivos o deseables para el otro desconocido, y desde el inicio estará condenado a ser un eterno desconocido para no "decepcionarlo".

Me recuerda a la trama de la película *La verdad sobre perros y gatos*. En ella, Jeanne Garofalo interpreta a Abby, una exitosa veterinaria que tiene un programa de radio. En la historia, muy simple, un hombre que la escucha se enamora de su personalidad y le pide una cita. Abby, que se sabe bajita, feúcha y un poco excedida de peso, está encantada con su llamada, pero decide que a su enamorado no le gustaría su aspecto. Así, le pide a su amiga Noelle que es alta, rubia y esbelta (¡Uma Thurman!), que se haga pasar por ella. En la cita, el hombre se siente atraído por la bella Noelle, pero no siente más que tedio al platicar con ella, así que decide no pautar un nuevo encuentro y se despide de ella con mucha frialdad. Dos días después, cuando habla por teléfono para despedirse cortésmente de ella, vuelve a sentirse enamorado al escuchar la voz y las palabras de la auténtica Abby…

El valor profundo de elegir la autenticidad y mostrar sin tapujos la propia singularidad nos rescatan como seres únicos (como de hecho somos) y nos transforman en personas dignas de conocer. Si la riqueza de la vida social consiste justamente en que cada uno tiene algo propio que aportar al mundo en el que le ha tocado nacer y crecer, no se comprende por qué tantas personas están dispuestas a renunciar a ella en pos de una aburridísima uniformidad "deseable" que garantice el vínculo, aunque éste no pueda ser más que chato, pobre y predecible.

En la novela *1984*, escrita por George Orwell a mediados del siglo XX, se presenta una sociedad futura en la que los ciudadanos son dominados por una dictadura totalitaria que interfiere en la vida privada de todos, vigilando y censurando cada palabra, cada movimiento y cada gesto "diferente" de sus habitantes, porque suponen que en lo nuevo anida la posibilidad de rebelarse al orden imperante. En la novela sólo los héroes son auténticos y son perseguidos por ello, ya que su autenticidad los hace "inmanejables". Si bien no es necesario ser un héroe para poder ser auténtico en la sociedad actual, ésta tampoco aplaude demasiado la aparición de las singularidades; aunque por un lado declama en pos de las libertades personales, por otro, censura explícita e implícitamente a los que se salen del marco de "lo que se debe" y lo que "no se debe" pensar o ser, hacer o sentir.

Algo de verdad anida en aquella persecución de la novela de Orwell. La manifestación de aquello que es único en cada ser no podrá salir a la luz con plenitud si antes no atraviesa una etapa de enfrentamiento con el pensamiento de la mayoría, con el *statu quo*, con lo que se espera de nosotros. El mundo en el que pretendo vivir y el que me gustaría legarle a mis hijos y a los de todos es el resultado del triunfo de lo personal, rico y auténtico que cada ser guarda en su interior. Un mundo lleno de cambios, de sorpresa, de creatividad e ingenio; un mundo que por no poner restricciones, no reconoce límites en su capacidad de crecer.

Una persona auténtica acepta y ama sus ideas, admite sus defectos y aunque trabaja para no ser su víctima, se siente orgulloso de la combinación que ellos hacen con sus virtudes, que conoce y desarrolla, defiende sus creencias y acepta como parte de este proceso el cuerpo que le tocó, la edad que tiene, las limitaciones de sus educadores y su realidad presente.

Desde pequeños hemos escuchado la advertencia de boca de quienes más nos querían: "Si actúas como se te antoja, corres el riesgo de que los demás no te den su cariño, su aprobación o su atención".

Mi madre, una especie de experta en frases de "folclor materno" (esas cosas que todas las madres dicen) y vocero del *establishment* cotidiano, me repetía de vez en cuando aquello que ella había escuchado con seguridad tantas veces de su propia madre:

—Si vas por la vida comportándote así, nadie te va a querer.

Yo, que siempre fui un rebelde… (y quizá por eso) un día me atreví a preguntarle:

—¿Nadie me querrá?… ¿Ni tú?

Ella hizo un silencio lleno de sorpresa y finalmente me dijo:

—Yo sí. Yo te querré siempre… Pero eso no cuenta —me aclaró mientras me besaba ruidosamente en la frente—, porque yo soy tu mamá.

Mi psicoterapeuta, cuando tenía yo 19 años, me ayudó a resignificar ese diálogo y darme cuenta de que posiblemente, ese día, aprendí de mi madre por lo menos tres cosas que de hecho me acompañaron siempre:

Una, la más importante, que eso de que nadie me querría, si yo decidía no cambiar, no era del todo cierto.

La segunda, que solamente siendo rebelde conseguiría algunas respuestas más profundas y sinceras.

La tercera, más que trascendente, que mi madre me premiaba cada vez que yo cuestionaba una pauta establecida…

Es cierto que no todos y no siempre, tenemos el espacio o la oportunidad de reinterpretar los mensajes de nuestros padres para poder transformarlos en mensajes nutritivos. No siempre y no todos los mandatos admiten una nueva lectura positiva.

Algunos de estos comentarios, sumados al resto de la censura pura y dura de nuestro entorno en la infancia y encajados en los planes que ellos tenían para nosotros, nos han ido llevando a desarrollar una determinada forma de comportarnos; una manera de ser en el mundo que nos define. Una identidad que de grandes irremediablemente iremos descubriendo un día un poco y al siguiente otro tanto, que no se ajusta en sentido estricto a nuestra verdadera esencia.

Me he contado este cuento cientos de veces, desde que lo escuché por primera vez hace casi veinte años:

En un lejano pueblo, de algún lugar de Oriente, vivía el más importante e influyente sacerdote de aquellos tiempos, un hombre simple de una sabiduría nunca vista y una sensibilidad poco común.

Cierto día, llegó al monasterio donde vivía una invitación para ir a cenar a la casa del más rico de los hombres del reino. El sacerdote, que casi nunca salía de sus habitaciones, decidió que no podía seguir siendo descortés con su anfitrión y aceptó.

El día previsto para la cena, a pesar de la tormenta que se venía, decidió montar en su carruaje y conducir hasta la mansión del hombre rico.

Unos quinientos metros antes de llegar a la casa, un trueno asustó a su caballo y un brusco relámpago hizo que se encabritara, arrojando el carruaje a la zanja y al sacerdote con él.

El hombre se incorporó como pudo y se ocupó de calmar al animal, acariciándole el lomo y hablándole suavemente en la oreja. Luego levantó su carruaje y se miró. Estaba sucio desde la punta de los pies hasta el último de los cabellos. El fango, la mugre y las hojas sucias y hediondas estaban desparramadas por su ropa y sus manos.

Como estaba mucho más cerca de su destino que del monasterio decidió ir allí y pedir algo de ropa para cambiarse.

Cuando golpeó a la puerta de la mansión un pulcro mayordomo abrió, y al verlo con ese aspecto le gritó:

—¿Que haces aquí, pordiosero. ¿Cómo te atreves a golpear en esta puerta?

—Yo vengo… por la comida de hoy —dijo el sacerdote.

—Vaya poca vergüenza —dijo el mayordomo—. Las sobras estarán recién mañana y si algo queda, cosa que dudo, debes pedirla por la puerta de servicio. ¿Comprendes?

No llegó a contestar porque el dueño de casa apareció a preguntarle a su mayordomo qué era lo que estaba pasando.

—Nada importante, es sólo este mendigo que pretende las sobras de la comida antes de que se sirva la cena… Le he dicho que se retire, pero insiste en su reclamo.

—Pues que se retire inmediatamente… Mira cómo está ensuciando la entrada… Qué horror… Justo hoy. Llama a la guardia y si no se va… ¡que suelten los perros!

A empellones y patadas echaron al pobre sacerdote a la calle, amenazado por una decena de perros que ladraban mostrando sus afilados dientes.

Como pudo, el hombre se trepó al carruaje y regresó al monasterio.

Una vez en su cuarto, después de secarse las manos y la cara, se dirigió a su armario y sacó de allí una lujosa capa de oro y plata, que le había regalado un año atrás justamente el dueño de la casa de la que había sido echado.

Enfundado en la prenda, volvió a subirse al carruaje y esta vez llegó sin contratiempos a su destino.

Volvió a golpear y esta vez el mismo mayordomo lo hizo pasar con una reverencia.

El dueño de casa se acercó y le saludó inclinando la cabeza.

—Excelencia —le dijo—, ya estaba pensando que no vendría... ¿Podemos pasar? Los demás nos esperan...

Todos se pusieron de pie al verlos entrar y no se sentaron hasta que el hombre de la imponente capa tomó asiento, a la derecha del anfitrión.

El primer plato fue servido. Una especie de cocido en caldo que, a primera vista, parecía muy apetitoso.

Se hizo una pausa y todas las miradas se posaron en el sacerdote, que en lugar de decir una oración o empezar a comer, estiró la mano por debajo de la mesa y tomando la punta de su lujosa capa entre los dedos, comenzó a hundirla en el caldo.

En un silencio inquietante, el sacerdote le hablaba a su capa diciéndole:

—Prueba la comida, mi amor... mira qué lindo caldito... mira esta papita... ¿y esta carne?... Come mi amor...

El dueño de casa, después de mirar a todos lados buscando una respuesta al comportamiento de su huésped, se animó a preguntar:

—¿Pasa algo, excelencia?

—¿Pasar?... —dijo el sacerdote—. No. No pasa nada. Pero esta cena nunca fue para mí. Es claro que la invitada es esta capa... Cuando llegué sin ella hace un rato, me echaron a patadas...

Cuando no podemos desprendernos de nuestras capas ni por un momento, la imagen que tenemos de nosotros mismos se nos ha vuelto una prisión. Y si esto sucede estaremos dejando afuera una infinidad de alternativas y anularemos grandes potenciales sólo porque contradicen la idea que tenemos de "lo que somos".

Nuestra personalidad es de alguna manera un lugar protegido, un espacio donde hemos crecido hasta llegar a ser quienes somos, un lugar que aun con conciencia de que nos queda pequeño, nos ofrece el refugio y la seguridad de lo conocido. Dejarlo nos asusta porque implica, por fuerza, la disolución de algunas fronteras seguras o históricas del yo.

Una persona se da cuenta de que ha dejado de pelearse con el mundo cuando realmente se desprende de su necesidad de controlarlo todo y esto sólo sucede si el ego está dispuesto a revisar sus verdades y abandonar el escenario.

Educación y libertad

Nadie duda de la influencia que tiene sobre nosotros la manera en la cual hemos sido tratados por nuestros padres. De hecho, nuestra relación con nosotros mismos está signada por la influencia positiva o nefasta de aquellas relaciones primarias. Para bien y para mal terminamos tratándonos de la misma forma en la que hemos sido tratados.

Lo que no todo el mundo sabe y no todos los terapeutas aceptan sin ambages es que, como empujados por una fuerza irresistible, derivamos esta influencia educativa a nuestra forma de tratar a los demás. Dicho de otra manera, en general, tendemos a tener con los demás, sobre todo con los más cercanos afectivamente, una relación acorde con la que tenemos con nosotros mismos, esa que como dijimos depende de aquellas otras, perdidas en el tiempo.

A grandes rasgos podríamos decir que queremos a los demás como nos queremos, y nos queremos… según hemos sido queridos.

Después de una pausa, aparece una inevitable conclusión, bastante molesta y mucho más provocativa: quien va por el mundo diciendo que quiere mucho a los demás pero que no se quiere para nada a sí mismo… ¡MIENTE! (por lo menos en una de esas dos afirmaciones, cuando no en ambas).

Esta conclusión tiene muchas bases, pero la fundamental es que hoy sabemos que el amor a otros es una derivada forzosa del amor por uno mismo.

Dicho esto quizá podríamos develar el misterio de por qué queremos a algunas personas y no a otras. La psicología nos acerca el concepto de *proyección identificativa*.

Reducida salvajemente a una simplificación excesiva, este proceso podría describirse así: cuando conocemos a alguien a veces percibimos (o creemos percibir) en él o en ella, algún aspecto "que se parece" a algo que conocemos y apreciamos de nosotros (es decir, alguna de las cosas que más nos gustan de lo que somos). Con ese conocimiento, real o supuesto, al ver en ti esas cosas que más me gustan de mí, automáticamente me identifico contigo, porque de alguna forma (como dice Nicolás Guillen) somos la misma cosa tú y yo. El siguiente paso es fácil de predecir: desplazo algo del amor que aprendí a sentir por mí, hacia ti, que eres como yo.

Este proceso de identificación, como dijimos, no necesita que seas realmente como yo te veo, y ni siquiera precisa que yo tenga esas cosas con las que me siento unido. Quizá proyecto y veo en ti no sólo lo que tengo, sino también y especialmente lo que me gustaría tener, la manera en la que me gustaría ser y algunas virtudes que ambiciono y de las que carezco.

Permíteme una salvedad, si bien éste ES el punto de partida de casi todas mis relaciones afectivas (proyección, identificación y extensión del amor por mí hacia el otro), vale la pena hablar de una relación "especial"; me refiero al vínculo con los hijos. Y es que con ellos (y sólo con ellos) no necesitamos proyección alguna ni tomarnos el trabajo de imaginarnos iguales. Con nuestra descendencia, la sensación de que son parte de nosotros o una prolongación de lo que somos es automática e inevitable, y para bien o para mal este sentimiento generará no sólo el impulso de amarlos y cuidarlos, sino que también determinará que la manera de hacerlo sea espejo de la forma de cuidar-nos y querer-nos.

Ahora puede comprenderse por qué sostengo que si un padre o madre no ama a sus hijos algo debe estar muy perturbado en él o en ella, más allá de lo que esté mal en los hijos. También aclara por qué sostengo que hay tres cosas que yo decretaría como imprescindibles para una pareja antes de decidirse a tener un hijo (incluyendo, claro, la decisión de adoptar): mucha claridad en la motivación que empuja esa decisión, conciencia total de la responsabilidad irreversible que implica esa acción y una razonablemente buena relación de cada uno de los progenitores consigo mismo.

Hace muchos años, Dorothy Law Nolte, una maravillosa poeta, dijo todo esto y más en este impresionante texto que hoy reproducimos resumido y adaptado, que sirvió de estandarte para muchas de las instituciones que en el mundo se ocupan de las relaciones familiares. Lo llamó "Los niños aprenden lo que viven":

> Si los niños son educados entre reproches, aprenden a condenar.
>
> Si son educados con hostilidad, aprenden a ser agresivos.
>
> Si viven con miedo, aprenden a ser aprensivos.
>
> Si son tratados con lástima, aprenden a autocompadecerse.
>
> Si son puestos en ridículo, aprenden a ser tímidos.
>
> Si viven en competencia, no aprenden a compartir.
>
> Si son regañados por sus errores, aprenden a sentirse culpables.
>
> Si viven carentes de estímulo, aprenden a no confiar en sí mismos.
>
> Si no conocen el reconocimiento, no aprenden a valorar a los demás.
>
> Si son educados sin aprobación, aprenden a buscar relaciones tóxicas.
>
> Si viven entre mentiras, no aprenden el valor de la verdad.
>
> Si son tratados sin amabilidad, nunca aprenden a respetar a los otros.

Si los niños crecen en un entorno de seguridad, aprenden a no temerle al futuro.

Y si viven sus años más tempranos rodeados de amor sincero…

aprenden que el mundo es un maravilloso lugar donde vivir.

Vuelvo al tema objeto de este capítulo.

Es poco probable que alguien que no se sienta valioso pueda verdaderamente valorar a los que le rodean, y seguramente por eso mismo es imposible amar a otros sanamente si no se cultiva un genuino amor por uno mismo.

En un clásico análisis neurótico, algunas personas van detrás del encuentro con un hombre o una mujer que les interesa o les atrae, pero desprecian el vínculo cuando la persona objeto de su deseo finalmente se aproxima. (El gran Groucho Marx se reía de esto cuando decía: "Nunca pertenecería a un club que admitiera como socio a alguien como yo".)

El respeto por los demás empieza por el autorrespeto y esto conlleva no sólo el conocimiento de las propias necesidades y limitaciones, sino también la capacidad para poner límites y aceptar o respetar los que otros nos ponen.

Por ejemplo, si no eres capaz de declararte libre de estar o retirarte, de decir o callar, de compartir lo que sientes o guardarlo en tu corazón, ¿cómo podrías concederles a otros esos derechos?

Si te asusta correr algunos riesgos, por el temor a las consecuencias, es muy posible que te enojes con aquellos de tu entorno (especialmente tus hijos) cuando sean más arriesgados o más aventureros que tú.

¿Cómo aprender a compartir la risa y el buen humor, entendiendo que no es burla ni falta de respeto, si no somos capaces de desarrollar una auténtica habilidad de reírnos de nosotros mismos y nuestras tonterías cotidianas?

¿Cómo confiar en la honestidad y sinceridad de quien es hoy nuestro compañero o compañera de ruta si sabemos que no somos nosotros confiables ni auténticos?

La sabiduría popular anuncia que para aquellos que creen que la única herramienta que tienen es un martillo, todos son clavos… y una vez más el dicho lleva razón. Alguien con una mirada positiva del mundo se anima a enfrentar situaciones nuevas, porque ve su realidad llena de oportunidades favorables y desde allí puede compartir su optimista visión del futuro. Una persona negativa vive rodeada de amenazas, algunas reales y otras imaginarias, con las que condicionan sus vínculos más queridos, "contagiando" a los demás de los mismos condicionamientos que se impone a sí misma, privilegiando lo que le falta a cada situación para ser perfecta, en lugar de festejar lo que la vida le acerca.

La seguridad de las personas se apoya casi siempre en su compromiso con lo que cree y en la congruencia entre lo que hace y lo que siente. Es más que obvio que quien no confía en sí mismo encontrará muy difícil confiar en alguien. Quien abandona lo que quiere ante la primera dificultad esperará el abandono de los otros ante el más mínimo de los desencuentros. El que no es capaz de aprender de los errores no permite que sus relaciones con los demás lo nutran y reitera el mismo estilo de fracasos una y otra vez, quejándose de su mala suerte o haciendo anticipaciones nefastas que luego intentará forzar, a pesar de que el resultado sea indeseado (aunque parezca mentira parece que preferimos confirmar que acertamos con nuestras oscuras profecías, que asistir con sorpresa al descubrimiento de que por una vez nos equivocamos y las cosas salieron bien).

Libertad personal

Si el condicionamiento educativo es tan fuerte e inexorable como decimos, cabría preguntarse si estamos entonces en condiciones de sostener, reclamar o ejercer la libertad personal. Podríamos pensar que vivimos en una libertad condicional limitada por nuestra educación y las normas que determina la sociedad en la que vivimos.

Una confusión, muchas veces no del todo ingenua, anida en casi todos a la hora de pensar en nuestra libertad personal, sosteniendo como muchos que no somos del todo libres o, peor aún, que en realidad la libertad no existe.

Estas distorsiones provienen de muchas fuentes, algunas psicológicas, otras sociales y hasta muchas políticas, pero siempre comienzan con una equivocada definición del alcance de la palabra misma. Para hablar del tema con claridad es necesario saber a qué se refiere y a qué no se refiere la tan repetida palabra *libertad*; es imprescindible definirla con la mayor precisión.

Quizás una vez más sea útil, desde el punto de vista didáctico, empezar por dejar claro lo que NO es la libertad. Es absurdo y hasta peligroso limitarse a decir que ser libre es, simplemente, "poder hacer siempre todo lo que uno quiere"… y, sin embargo, es la respuesta que más frecuentemente recibiremos si hacemos una encuesta informal entre nuestros familiares y amigos. Y es obviamente muy fácil darse cuenta de que en éste como en casi todos los casos, si uno empieza partiendo de un error arribará, las más de las veces, a conclusiones también erróneas.

Los errores más comunes

Llegaremos, por ejemplo, a posturas tan equivocadas como la idea que las originan:

1. Si la libertad es hacer lo que uno quiere y yo no puedo hacer todo lo que quiero, debo asumir que no soy del todo libre.
2. Si, además, no me parece bien que cada uno haga lo que se le antoje en cada momento —porque, por ejemplo, me parece que eso amenaza los derechos de otros—, deberé asumir que me opongo a la libertad de los demás. En ese caso, soy una especie de carcelero de los otros.

3. Y si, para disculparme, sostengo que no pretendo ni reclamo para mí mismo el derecho de hacer siempre todo lo que se me ocurre, deberé reconocer que me asusta o no me permito mi propia libertad.

A modo de disculpa de todos estos pensamientos linealmente lógicos desde nuestra enunciada falsa premisa, llegamos a la conclusión de que la sociedad como un todo requiere cierta renuncia a nuestras libertades personales. Renuncia que más o menos aceptamos en un supuesto beneficio del bien común y nos apoyamos para sostenerlo en frases que, si bien pueden ser ciertas, nada tienen que ver con este asunto.

Justificamos la relativización del valor de la libertad sosteniendo que "la libertad de uno termina donde empieza la libertad de los demás".

Declamamos con cierto estoicismo el principio básico de toda nuestra fe judeocristiana: "No debo hacerle a otros lo que no me gustaría que me hicieran a mí".

Y, por supuesto, nos llenamos la boca afirmando que "una cosa es la libertad y otra el libertinaje", repitiendo lo que nos decían los maestros en nuestra adolescencia, cada vez que hacíamos algo que rozaba la rebeldía.

Y es así como nos perdemos en la selva de las trampas que nosotros mismos nos armamos para no declararnos libres, meridianamente libres, es decir, absolutamente capaces de elegir entre la gama de posibilidades que la vida nos ofrece en cada momento. Aunque tal vez este extravío nos ofrezca, como una recompensa miserable, el no tener que hacernos responsables de nuestras elecciones.

Pero… ¿hacer siempre lo que uno quiere no es la quintaesencia de la libertad?

NO, NO y NO.

La capacidad de poder hacer siempre lo que uno quiere no define la libertad, lo que define, en realidad, es la omnipotencia y, por supuesto, NO somos omnipotentes, ni tú ni yo.

En realidad, no quiero que lo seas y a mí no me gustaría llegar a serlo; aunque sí quiero, para mí y para todos, el ejercicio de las mejores y más profundas libertades personales, aun pagando el costo inexorable de tener que asumir como verdaderas e irreversibles algunas de nuestras limitaciones. La derrota definitiva de lo que Heidegger llamaba el "SE" impersonal: el código de lo que SE debe pensar, lo que SE debe sentir, lo que SE debe hacer, en cada situación, en cada momento y frente a cada persona.

Hace muchos años, llegó a mis manos un poema que hablaba de libertades, permisos y prohibiciones, que me permití disfrutar, elaborar y resumir con mi propia idea de la más absoluta de las libertades. Se enunciaba en él la mayoría de los caminos que conducen al desarrollo personal y al respeto a las libertades ajenas, planteándolas paradójicamente como un catálogo de prohibiciones. Empezaba con una frase emblemática: "Desde hoy queda prohibido…" y seguía con una esclarecedora veintena de posturas y actitudes a prohibir y prohibirse.

Proponía, entre ellas, vetar la decisión de no ser uno mismo, de tenerle miedo a los recuerdos, de abandonar la lucha para cumplir los sueños, de no comprometerse por completo, de dejar que otros paguen por nuestros errores, de no demostrar el amor, de pensar que con una pérdida el mundo se termina, de dejar de agradecer el despertar cada mañana o de pensar que una, cualquiera, es la única manera.

Recuerdo que al analizar el poema pensé que la última restricción debería ser la de prohibirle a cada uno de nosotros el descuido de olvidarse de quién es protagonista en la película que va narrando poco a poco nuestra vida.

La libertad es pues nada más —y nada menos— que eso: mi capacidad y mi decisión de ser yo quien elige hacer lo que hago y no hacer lo que no hago, plantado con conciencia frente al abanico de todo lo que es posible para mí ante estos hechos en este tiempo, aquí y ahora; elecciones que, como todas las decisiones libres, conllevan mi total responsabilidad.

Realidad e intuición

*L*os ángeles, temerosos del poder que sería capaz de desarrollar el hombre si conociera la verdad última de todas las cosas, decidieron esconderla para evitar que él la encontrara y se empoderara con ese conocimiento.

Ángeles y demonios se reunieron para encontrar una respuesta a la gran pregunta:

—¿Dónde esconder la verdad de todas las cosas para evitar que el hombre la encuentre? Ni la montaña más alta ni la profundidad del mar serían inalcanzables para la criatura recién creada por Dios…

El más viejo y astuto de los demonios propuso con malicia:

—Escóndanla dentro de él mismo, junto a su corazón… A él nunca se le ocurrirá buscar allí la verdad.

Me gusta mucho esa historia, especialmente porque remarca dos de las cosas más importantes que aprendí en mi camino: el poder de la verdad como herramienta y la necesidad de buscarla también con el corazón y no sólo con la mente.

Y digo "no sólo" con toda la intención de dejar establecido que creo en la suma de toda nuestra percepción y lectura de la realidad, sin exclusiones. Demasiadas veces somos como aquellos famosos ciegos del cuento de Perrault, que se toparon por primera vez con un elefante, y palparon, uno una pata, otro la trompa, otro una oreja y el último su cuerpo, pero no supieron después integrar la percepción parcial de cada uno para comprender cómo era verdaderamente el enorme animal.

Nos equivocamos cuando tomamos como excluyente la información que proporcionan nuestros sentidos, tanto como cuando confiamos ciegamente en las ideas y preconceptos con los que fuimos educados, comandados hoy por la razón.

Todos podemos acordar que en el dibujo de abajo la línea vertical es más larga que la horizontal.

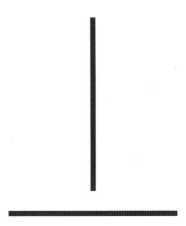

Una obvia verdad informada por lo que vemos, y que, sin embargo, quedará desbaratada acercando al dibujo una simple escuadra, que demostrará de inmediato que las dos líneas tienen exactamente la misma medida.

El método racional tiene, por definición, un único recurso para intentar comprender la esencia de la realidad externa, un proceso que repite una y otra vez: fijar posturas y conclusiones que luego son contradichas o discutidas por uno mismo, mejoradas y sustituidas por otras nuevas afirmaciones, hasta llegar a satisfacer subjetivamente el concepto de lo externo.

Esto significa que la lógica y la razón son por definición métodos "indirectos", que dan vueltas y vueltas alrededor de la realidad, sumando miles o millones de percepciones e interpretaciones hasta lograr una imagen interna o representación satisfactoria e integradora del objeto.

Esta integración de percepciones de las cosas, razonamiento, y algo más de lo que hablaré más abajo, se suman para acceder a la comprensión acabada de las situaciones de adentro y de afuera. Un modelo de relación que permite abrir rápidamente la puerta de una respuesta adecuada en cada momento. Lo llamamos el darse cuenta y aporta al corazón y a la mente tres herramientas:

Vivenciar, sentir e imaginar

Si la consecuencia de lo racional es saber, "entender" un problema y "evaluar" posibles soluciones, la consecuencia del darse cuenta es intuir la esencia de lo que está sucediendo y frecuentemente visualizar una salida o una comprensión de la realidad, original, diferente y efectiva.

Vamos ahora ese "algo mas" que anticipé.

Puede ser que hayas aprendido a llamarlo "corazonada" o que te hayan educado para pensar en ello como si fuera una especie de sexto sentido, pero en realidad deberíamos revalorizar ese recurso llamándolo por su nombre: intuición.

A pesar de lo que suele escucharse, no es un don de pocos: en mayor o menor medida, todos somos intuitivos. Todos llevamos una brújula interna que, aunque no comprendamos del todo cómo funciona, está dispuesta a guiarnos en el difícil arte de navegar la propia vida, funcionando como un saber que no sabemos cómo sabemos, y cumpliendo la función de una alerta interna que nos ayuda a evitar algunos peligros que nuestros sentidos o nuestro intelecto no pueden detectar como amenazas.

Todos hemos sido niños (dice Antoine de Saint-Exupéry en la dedicatoria de *El principito*) aunque muy pocos lo recuerdan; y es esa amnesia de lo que fuimos, lo que parece condenarnos a perder por lo menos parte del maravilloso potencial intuitivo que teníamos de pequeños. Los que tenemos hijos o hermanos pequeños nunca olvidaremos la desarrollada percepción de los bebés. Mucho antes de poder "pensarlo" ellos saben de inmediato quiénes a su alrededor los aman bien y mucho, en qué lugares se sienten más seguros y cuidados, en cuáles vínculos de su entorno abundan conflictos y tensión.

Por definición la intuición es el conocimiento inexplicable, instintivo y artístico de la realidad, en un momento puntual, que nos permite llegar a decisiones o conclusiones sin necesidad de transitar los procesos explícitos o conscientes del pensamiento formal.

Dependiendo del predominio racionalista o empírico de la persona, la intuición utiliza distintos mecanismos para manifestarse. Para la mayoría es una experiencia relacionada a lo sensitivo. Una sola mirada parece bastar para percibir por completo una situación o captar misteriosamente las características de una persona y sus intenciones. Este tipo de intuición es inmediata, y tiene el carácter de la individualidad, ya que lo intuido no tiene por qué ser válido más que para este particular objeto que está delante de nosotros (para esta situación particular o para esta persona y en este momento). En estos casos la intuición se apoya en lo que externamente impresiona los sentidos, aunque no lo podamos definir con palabras o no podamos relacionar lo intuido con lo percibido.

Para otros, la intuición sucede en un entorno mucho más intelectual, y se relaciona con la capacidad de establecer relaciones, similitudes y diferencias generalizadoras entre cosas aparentemente no vinculadas. Aquí, la perspicacia parece penetrar las cosas hasta captar su esencia, su momento

presente o su pasado o su evolución previsible, arribando desde allí por una serie de asociaciones a una "profecía" que podríamos describir como consecuencia lógica. A diferencia del tipo anterior, aquí lo intuido puede ser aprendido y trasladado a otras situaciones o personas similares por la vía de las mismas asociaciones.

Desde el punto de vista de lo subjetivo, la mayoría de las personas asocian la intuición con una capacidad personal para presentir a veces algún acontecimiento o adivinar lo que seguirá; otras, sin llegar tan lejos, la viven como un sentido extra para percibir lo que no todos perciben, y unas pocas, finalmente la consideran un mero subproducto de las casualidades, sugiriendo que ese imaginario toma valor y es recordado cuando resulta coincidente y olvidado por completo cuando no lo es.

Mark Twain ironizaba diciendo que "Un hombre con una idea nueva es siempre un loco hasta que la idea triunfa. Entonces se vuelve un genio".

Para mí y en mí, la intuición es una herramienta más de mi lista de recursos. Ni la única, ni la más importante, pero una herramienta al fin. Un recurso que todos tenemos, y cuyo mérito no deberíamos despreciar. Es decir, un potencial que podríamos y deberíamos desarrollar y ejercitar.

Veamos un poco de la explicación de estos momentos inexplicables.

El destino es un concepto presente en casi todas las religiones y culturas, más o menos definido con la idea de todo está predeterminado y/o es parte de un "plan" mayor, y desde este punto de vista la intuición podría ser vista como la capacidad de conectarnos con eso que ya "está escrito".

Según otra mirada, fríamente cientificista, la realidad es resultado de una compleja interacción de muchas duplas de causa-efecto, y los hechos presentes y futuros una consecuencia forzosa y lógica de la realidad ya existente. Desde este punto de vista, si se tuviera memoria suficiente de todo lo sucedido y registro exacto de todo lo que actualmente sucede no sería difícil anticipar lo que sigue. Así, intuir sería, para esta línea de pensamiento, la expresión de un acceso momentáneo e inexplicable a esas bases de datos completas y globales, que por lógica permiten conclusiones anticipatorias o geniales.

Por supuesto que todos podemos darnos cuenta de si una persona está cansada, enferma, triste o asustada con sólo verla (especialmente si esa persona es cercana e importante para nosotros), y eso no requiere ninguna de las explicaciones mencionadas; esa intuición, si queremos llamarla así, es la suma de lo percibido y la asociación con otros momentos similares.

Hay todavía un tipo más de intuición que podríamos llamar *intrapersonal* y que es quizá la más fácil de explicar. Como es obvio, si el germen de lo que seré está dentro de mí es sensato admitir que soy potencialmente capaz de tener conocimiento de esa información sobre mi propio futuro, especialmente si me animo a mirarme sin prejuicios.

En todos los casos uno de los grandes componentes del poder de la intuición es el estar disponibles, el estar conectados incondicionalmente con la realidad.

> Mientras más rechazamos las cosas, menos las entendemos; mientras más deseos tenemos de que las cosas sucedan de determinada manera, menos disponible estoy para que sucedan otras cosas; mientras más me concentro en un solo pensamiento, menos amplios nos volvemos.

Los estudiosos del fenómeno de la intuición la definen como la capacidad para saber lo que pasa y presentir lo que pasará, y que todos tenemos ese don, pero agregan que antes de que aparezca es condición estar dispuestos a ver.

Según explican, para desarrollar la intuición es imprescindible una combinación de apertura, silencio, abandono del control, sensibilidad, creatividad, visión global del universo y capacidad de sorprenderse; características todas ellas asociadas por la ciencia moderna con la actividad del hemicerebro no dominante (el derecho en los diestros).

Las nuevas ciencias han descrito a su vez algunos hábitos que estimulan ciertas zonas cerebrales que podrían servir para fortalecer la intuición, como podrían ser prestar atención al lenguaje de tu cuerpo sin juzgarlo, dedicar algún tiempo de cada día exclusivamente a relajarte y reflexionar, mirar el mundo con interés y atención, sin crítica ni autocrítica, dejar fluir la risa ruidosamente.

Para estar abierto a esta experiencia es imprescindible dejar de controlarlo todo y permitir así, sin miedos, que la realidad te sorprenda.

Un breve ejercicio

1. Siéntate cómodamente y relájate.
2. Imagina que te adentras en un frondoso bosque. Sientes la frescura y el olor de las hojas.
3. Imagina que llegas a un claro, en el centro del bosque. Hay allí un círculo de piedras.
4. Tómate un tiempo y luego entra en el círculo.
5. Un anciano o anciana aparece en el claro y entra contigo al círculo.
6. Respira profundamente y hazle una pregunta de algo que te importe.
7. Atiende a su respuesta. Puede ser verbal o no.
8. Agradece y despídete de la presencia y del lugar.
9. Vuelve a tu lugar en el presente y medita la respuesta recibida.

Cuando emitíamos en Argentina el programa de divulgación de la Gestalt que se llamaba *El buscador*, anclábamos al inicio de cada programa una placa que decía:

> Cuando estamos perdidos no siempre necesitamos un terapeuta que nos cure, o una mamá que nos cuide, a veces sólo precisamos una señal que nos muestre el lugar donde perdimos el camino.

La autonomía del yo

Chuang Tzu fue uno de los filósofos chinos más importantes de la historia, vivió 300 años antes de Cristo y fue, junto con Lao Tse, uno de los pensadores más emblemáticos del taoísmo. Una parábola que lo tiene como protagonista cuenta que una noche Chuang Tzu soñó que era una mariposa.

El sueño fue tan vívido que, al despertar, el hombre no sabía si era Chuang Tzu que había soñado que era mariposa, o era una mariposa que estaba soñando que era Chuang Tzu.

Una pequeña historia que de alguna manera nos obliga a pensar, desde el misterioso planteamiento del soñador, que quizá nuestra identidad (aquello que somos o que creemos ser) no sea algo tan evidente, seguro e incuestionable como en general nos lo parece.

Depender o no depender. Ésa es la cuestión

Un moderno Shakespeare podría explicar la disyuntiva de una conducta saludable con esta paráfrasis del texto de Hamlet. Y su planteamiento no estaría nada lejos de la cuestión de definir adecuadamente una vida sana.

Esto es así, porque "Ser o No ser" es no solamente el dilema existencial por excelencia, sino y sobre todo la decisión de no someterse ni desaparecer en los deseos, los mandatos o las exigencias de otros. No hay salud mental ni capacidad de vincularse comprometidamente sin autenticidad y ésta consiste, simplificando quizás en demasía, en animarnos a ser quienes somos.

Se dice fácil, pero no lo es.

Para conseguirlo habremos primero de cuestionar casi todo lo aprendido, deberemos después renunciar a las aparentes ventajas (y también a los reales beneficios) de "ser como se debe" y finalmente, sobre todo, tendremos que estar dispuestos a pagar los precios (no siempre baratos) de negarnos a actuar como se espera de nosotros.

Autonomía

Autónomos es la palabra que etimológicamente define a aquellos que son capaces de establecer sus propias normas. Por algún extraño fenómeno que todos compartimos, he comprobado que cuando termino de escribir esta frase, o de decirla a otros, quien me lee o quien me escucha percibe en ella algo amenazante o por lo menos antisocial. Parece que vinculamos esa capacidad forzosamente con la ley de la selva, con la anarquía, con el capricho de los poderosos, con los excesos de los desbordados o con la autosuficiencia de los prepotentes. No es así, ni tiene por qué serlo.

Permíteme poner un ejemplo, quizá un poco inverosímil, pero que me sirve para decir con claridad lo que pretendo. De vez en cuando, la televisión, la radio y los medios gráficos hacen suya la campaña de censura respecto de todos aquellos conductores que violan sistemáticamente los espacios de estacionamiento reservados para vehículos de discapacitados físicos. Vemos en las imágenes o las fotografías a aquellos que, guiados exclusivamente por los propios mezquinos intereses, son capaces de violar una y otra vez las normas, con frecuencia hasta ufanándose de ello. ¿Es esta la autonomía de la que hablamos? ¿Será necesario, para ser adulto, saltarse a la torera cada pauta social de regulación, cada límite legal, cada norma y cada acuerdo de convivencia comunitario?

De ninguna manera.

Como dije, autonomía es la capacidad de fijar las propias normas y de ser fiel a ellas; pero de ninguna forma significa carecer de principios o de límites éticos y morales. Antes bien, la autonomía a la que me refiero es la máxima manifestación de madurez, ser capaz de tener y sostener normas de conducta que me vinculen socialmente, en lugar de enfrentarme con los intereses de todos. Tener normas propias no significa violar sistemáticamente las de los demás, significa nada más (y nada menos) que acatar las mías, porque creo en ellas y seguramente congratularme cuando coinciden con las tuyas o con las de todos.

En el ejemplo dado, ser un adulto sano es, primero, darme cuenta de la necesidad y urgencia de que existan más y más lugares para hacer posible el trabajo y el desplazamiento de aquellos que sólo pueden hacerlo con la ayuda de un auto especial, una silla de ruedas o un par de muletas (y aclaro que dije hacer posible, no sólo facilitar). Después asumir la responsabilidad de cuidar esos espacios y esas posibilidades y hacer de ello una norma de vida. Por último, ser fiel a estas normas, no porque la ley así me lo pide (no alcanza con ser obediente para ser socialmente apto), sino, especialmente, porque así me lo dictan mis principios. Dicho de otra forma: no me instalo en el estacionamiento reservado para discapacitados, porque MI NORMA me dice que ese lugar debe estar siempre disponible, porque alguien que lo necesita puede requerirlo y porque soy parte de una sociedad que intenta igualar oportunidades. No me estaciono allí, porque así lo decido yo, y no porque está prohibido.

El caso del país sin normas de estacionamiento

Te invito a que te pongas en esta situación imaginaria, que te hagas la pregunta del final del texto y que la contestes sinceramente.

Estás viviendo en un país muy lejano. Los gobiernos corruptos e ineficientes han hecho que las normas de convivencia sean meros papeles sin ninguna importancia. El dictador de turno, en una absurda declamación demagógica, acaba de decretar que los automovilistas tienen todo el derecho de elegir dónde estacionar sus autos y que por lo tanto quedan abolidas las multas y las sanciones por hacerlo en lugares reservados para discapacitados. "El que llegue primero a un lugar vacío… que lo ocupe", ha dicho en una transmisión en cadena. Mi pregunta es: mañana, cuando llegues a tu lugar de trabajo y encuentres libre el espacio del estacionamiento pintado de azul con el dibujo de la silla de ruedas, ¿darás las dos o tres vueltas que sueles necesitar para encontrar un sitio, o lo dejarás allí sabiendo que nadie te sancionará por ello?

Si quisiéramos, jugando con esta idea, podríamos dividir a las personas en tres grandes grupos, según sea su norma de conducta:

- El de los que harán siempre lo que más les convenga sin importarles nada de lo que les pasa a los demás ("Yo me estaciono donde me venga mejor porque de todas maneras nadie me ha de multar... además si yo no lo hago, otro lo hará, así que he tenido suerte de llegar primero").

- El de los que preferirían no dañar al prójimo, pero lo harían sin culpa ninguna si no les ocasionara alguna pérdida o molestia aunque fuera leve ("Si hubiera otro lugar al lado, yo lo dejaría en la zona libre, pero como no lo hay y no puedo perder tiempo, lo dejaré aquí mismo... además es sólo por unas horas").

- Y el de los que eligen consciente y libremente cuidar los derechos y las posibilidades de los demás ("Más allá de que nadie me multará, este lugar es el sitio reservado para los que tienen una discapacidad; yo, aunque sea por el momento, no la tengo, y, por lo tanto, daré mis vueltas cada mañana hasta hallar un lugar... Supongo que mañana llegaré un poco más temprano para encontrar un sitio más cómodo").

¿Dónde te anotas, querido lector o lectora?

Podríamos pensar que los tres son autónomos y que la diferencia está en el tipo de normas de cada uno, y posiblemente sea cierto; pero entonces debemos también reconocer la diferente calidad y moralidad de las personas según las normas que elijan en sus vidas.

En toda mi vida como terapeuta y como docente siempre he tratado de fortalecer el coraje de cada persona para ser capaz de fijar sus propias normas. Primero porque no creo (como muchos sostienen) que si todos se permitieran ser autónomos, cada uno fijaría exclusivamente las pautas que más se le acomodan, y segundo porque sé que siempre se puede educar a una persona autónoma para que aprenda a elegir el bien común, especialmente si consigo hacerlo desde la infancia. Si, en cambio, educo desde la necesidad de ser obedientes, de acatar las reglas sin cuestionarlas y de reprimir a los que las traspasan, estaré condenando al individuo a vivir con miedo y sin motivaciones y a la sociedad a legislar y perseguir permanentemente a cada uno de sus miembros.

La conducta social adecuada y mi relación armónica con los demás, como cualquier otra habilidad, se aprenden y se desarrollan. Lo inadecuado y antisociable de la conducta de algunos puede ser superado y modificado.

Esto implica un reaprendizaje gradual pero continuo, sostenido por la sociedad como un todo, pero basado en la enseñanza de las ventajas del bien común, en la integración de todos a la sociedad de la que somos parte y en el ejemplo de aquellos que tienen más responsabilidad que otros por su posición, su rol o su tarea.

Es hora de aceptar definitivamente que la falta de libertad no genera conductas más adaptadas, sino, por el contrario, resentimiento y odio. Deberemos admitir que solamente en libertad se puede elegir lo mejor. No se trata pues de hacer hombres y mujeres más atados a las reglas impuestas por todos, sino de construir, por la vía de la educación, personas adultas que elijan en su corazón normas que coincidan con el interés de todos. Ésa es la diferencia entre disciplina y acatamiento, de la cual hablaremos más adelante en este libro.

> Si yo soy yo, porque tú eres tú
> Y tú eres tú, porque yo soy yo
> Entonces...
> Ni tú eres realmente tú,
> Ni yo soy auténticamente yo.

Estas pocas y significativas palabras de Antonio Porchia nos obligan a repensar en el tiempo, la energía, el dinero y la vida que malgastamos esforzándonos para ser o parecer lo que no somos.

Cuentan que en un monasterio situado en un valle de alguna región de China había un monje en extremo dedicado. Trabajaba duramente día a día para incorporar los preceptos de la vida zen y las enseñanzas de sus maestros. Se esforzaba de forma constante en mejorar: leía y releía las parábolas que le habían indicado sus maestros intentando comprender a fondo su significado, buscaba resolver los intrincados koan (esas historias paradójicas o crípticas de la tradición zen) y cumplía al pie de la letra con los preceptos establecidos para la vida de un monje. Sin embargo, si bien había avanzado en su camino de superación personal, el último escalón, el satori, la iluminación, se le escapaba. No conseguía arribar a ese estado de paz que otros monjes le relataban y sobre el que tanto había leído. Había oído hablar de un viejo y sabio maestro que vivía en un pequeño templo ubicado más arriba en la montaña, allá donde las nieves nunca se derriten, y, como no sabía qué más podía hacer, decidió emprender el viaje. Preparó entonces unas pocas cosas, un atuendo de abrigo que le sirviera para afrontar el frío de las cumbres, y partió.

Luego de una ardua travesía, divisó, perdido entre la blancura del lugar, el pequeño templo. Al llegar, el viejo maestro lo recibió con una taza de té caliente y le preguntó qué lo había llevado hasta allí. El joven monje le contó entonces todos los esfuerzos que hacía y cómo la paz interior se le escapaba una y otra vez.

El maestro permaneció en silencio un largo rato. De pronto, por las ventanas del templo comenzó a verse caer una suave nevada. "Ven conmigo", propuso el maestro. Se levantó, salió del templo y caminó unos metros más hasta detenerse en plena ladera de la montaña. "Mira bien los copos de nieve", le dijo el maestro haciendo un amplio gesto con el brazo para indicar los copos que caían lentamente a su alrededor. "Míralos. ¡Qué sabios son! Cada uno cae exactamente en su lugar". Luego volvió a quedarse en silencio. Dicen que allí, viendo caer cada copo de nieve, el monje se sintió finalmente en paz.

La humildad

La humildad no sólo nos presupone capaces de aceptar y comprender que no somos omnipotentes e infinitos, sino que además nos obliga a asumirnos falibles, a aceptarnos con fallas y a saber que nunca fuimos ni seremos autosuficientes; sin necesidad de que esa convicción implique tener que creernos inferiores o menos que los demás.

De ahí provendrá la posibilidad y la aptitud para aprender, de todo y de todos.

Desde allí llegaremos sin esfuerzo al más maravilloso de los descubrimientos:

> Sólo si no me ubico por encima de los demás (es decir, si nunca me creo más que otros), conseguiré no ubicarme jamás por debajo de otros (es decir, sabré que no soy menos que nadie).

En la antigua tradición religiosa oriental se establece que la principal virtud de un buscador de la Verdad no es —como podría pensarse— su pasión irresistible por encontrarla, sino una inagotable disposición a reconocer que puede estar equivocado.

En este sentido, el de la sabiduría y el conocimiento, ser humildes significa también reconocer que nunca sabremos todo de algo, que siempre habrá alguien que sabe más que nosotros, que la vida encierra misterios tal vez irresolubles, asumiendo que la eterna búsqueda de una verdad inalcanzable no nos pone en inferioridad de condiciones, sino que nos impulsa a crecer.

La falta de humildad, por el contrario, es el pasaporte natural que nos lleva a la arrogancia, la soberbia y la ostentación, inicio de muchos caminos oscuros e indeseables como la discriminación, el menosprecio o el abuso de los más débiles o más vulnerables, a los cuales se califica con ligereza de "inferiores".

La historia china del sabio y el botero quizá te ayude, como me ayudó a mí, a tener siempre presente la importancia de estos puntos.

Un hombre, que era considerado muy sabio por todos, debía cruzar un río. Cargaba con él varios atados de libros, así que contrató para el cruce a un botero que solía ganarse la vida haciendo ese trayecto de orilla a orilla, una y otra vez.

Durante el cruce, viendo la mirada curiosa del botero sobre su carga, le preguntó si sabía leer y escribir. El pobre hombre contestó negativamente. Con un gesto de desprecio el pasajero le dijo: "¡Ay, pobre hombre, qué será de ti!".

De repente se levantó un fuerte viento que comenzó a zarandear el bote, amenazando con volcarlo. El botero le preguntó al sabio si sabía nadar, a lo que el sabio respondió que no, lleno de miedo. El botero lo miró por sobre el hombro y sin girar le dijo: "¡Ay, pobre hombre, qué será de ti!".

Como se comprende por lo dicho hasta aquí, la humildad propone un tipo de sociedad bastante diferente del que actualmente se impone como modelo, especialmente en las grandes ciudades; y es entonces, el gran desafío de la educación en principios y valores de nuestro tiempo.

Si lográramos en este sentido un cambio de actitud global, la humanidad comenzaría a caminar hacia una convivencia en armonía y hacia un modo de vida que permitiera que ésta siga su curso. Un modelo basado en el respeto mutuo y en la apertura hacia volvernos cada vez más sabios, al encontrar en cada persona un posible maestro.

Digo siempre que hay que ser muy tonto para no querer aprender de los que saben más, pero es necesario ser muy sabio para estar dispuesto a aprender de los que saben menos.

> El respeto y la humildad deberían ser la moneda más corriente en la relación con el universo. Respeto para los maestros, para los mayores, para los que más saben, para la ley y para tu pareja.
>
> Respeto para uno mismo, para los propios ideales y para nuestros principios.
>
> Respeto por tus superiores, por tus subordinados, por tus empleados y por tus hijos.
>
> Respeto indiscriminado para los demás, para el ajeno, para el desconocido y especialmente para aquellos que no suelen ser respetados.

Una de mis películas favoritas es *Doce hombres en pugna*, filmada por Sidney Lumet en 1957, y protagonizada por Henry Fonda acompañado de un elenco increíble. Una película clásica, que sinceramente no puede dejar de verse. Su trama gira en torno del respeto a los derechos ajenos y a la defensa de las propias ideas. Doce personas, hombres y mujeres, constituyen el jurado que, encerrado en una habitación, debe decidir el fallo sobre la culpabilidad o la inocencia del presunto asesino. El hombre en el banquillo es un hombre de color, acusado de violar y matar a una joven blanca. Por los prejuicios raciales de algunos, por el deseo de terminar rápido de otros, por dejarse llevar por las apariencias o por seguir la opinión de la mayoría, once de ellos están decididos a condenar al acusado y empujarlo a morir en la horca. Sólo uno de ellos, protagonizado justamente por Henry Fonda, se opone a dar un voto condenatorio y recordando a todos que el voto debe ser unánime, sostiene que es necesario debatir.

—La vida de un hombre, culpable o inocente —dice el rebelde— merece por lo menos que discutamos los hechos por unas horas.

Durante el filme, uno a uno, los miembros se van dando cuenta de que los hechos no resuelven todas las dudas y uno tras otro va cambiando su opinión, hasta aceptar unánimemente que la vida del acusado no puede quitarse si existe la mínima duda de su culpabilidad, sin importar para nada en esta decisión si el acusado es negro, blanco, pobre, adinerado, analfabeto o premio Nobel.

Respetar es reconocer el derecho a ser del otro, su cuerpo, su idea, su espacio, su creencia y sus necesidades.

Respetar es considerar valioso a algo o alguien por el solo hecho de existir y defender su derecho de ser. Es posible (y deseable) enseñar y aprender a celebrar y cuidar todo lo que existe, un animal, un paisaje, un árbol y hasta las piedras que rodean tu casa. Respetar es respetarse y, por tanto, valorar los logros propios y ajenos por igual, sin alardear de los primeros ni menospreciar los últimos.

Quizás un pequeño párrafo merezca un tipo especial de respeto por uno mismo, que es el cuidado de la intimidad y la privacidad de mi entorno personal y privado, tanto a nivel físico como emocional, una necesidad legítima a la que muchas veces llamamos pudor.

Abrir una puerta cerrada sin permiso, leer un diario íntimo, abrir los correos electrónicos de los demás, escuchar detrás de una puerta, oír conversaciones telefónicas ajenas, revisar una cartera o un bolsillo… son todas faltas de respeto y formas de vulnerar la privacidad, y la intimidad de las personas; verdaderos atentados al pudor, que no deberían ser considerados temas menores.

Quizá no esté demás aclarar que ese derecho a la privacidad y el sano deseo de defenderla no necesariamente tiene que ver con la vergüenza, un sentimiento tóxico, enseñado a veces sin querer y otras con premeditación alevosa, ligado a una baja autoestima y al juicio crítico y negativo que algunos desarrollan al censurar y condenar lo que son, lo que tienen o lo que hacen.

Alguien que es humilde y respetuoso se reconoce como uno más en el concierto de la humanidad, quizás un poco desafinado a veces, pero intentando siempre sintonizar con la melodía del universo. Los hombres y mujeres que han destacado en esta "orquesta" que es la humanidad, en general no han vivido alardeando de su talento, sino reconociendo los hechos fortuitos que los empujaron a sobresalir entre los demás, sin avergonzarse tampoco de ello. Los grandes hombres y mujeres lo han sido siempre a expensas de sí mismos.

Cuentan que en la India había, en el mismo pueblo, dos ashrams. En cada uno de ellos, distantes pocas calles entre sí, dos maestros espirituales daban clases cada tarde, a sus seguidores.

Un día, uno de esos maestros, el más viejo, fue a ver al otro que había sido su discípulo muchos años antes.

—¿Tú crees que sabes más que yo? —le preguntó al joven apenas lo vio.

—¿Cómo se te ocurre maestro?… Casi todo lo que sé, salió de tu boca —contestó el más joven, con sinceridad.

—¿Tú crees que eres más didáctico que yo? —volvió a preguntar el otro.

—No, maestro. Creo que tú eres el más claro gurú que he conocido jamás…

—¿Tú crees, como yo, que la sabiduría es algo que viene con los años y no sólo con el estudio?

—Sí, maestro. Creo firmemente que la sabiduría es patrimonio de los mayores y que sólo se consigue después de haber vivido.

—Entonces explícame algo —dijo el viejo maestro—. Si, según tú, yo tengo más conocimientos, si según tú, soy el más didáctico y el más sabio de los dos: ¿cómo es posible que tengas cada día cientos de discípulos que vienen a escucharte mientras yo tengo sólo una decena que me sigue?

—Seguramente sea, maestro, porque a mí cada día me sorprende que vengan y a ti, cada día, te sorprende que no vengan.

Carga y desapego

Siempre que hago mis maletas para salir de viaje me propongo viajar ligero de equipaje. Siempre trato de apartar lo menos posible para empacarlo luego y aun así antes de cerrar la maleta quito gran parte de lo que tenía preparado. Es verdad que no soy muy listo para esta tarea, pero no deja de sorprenderme que antes de regresar (y a veces apenas al llegar a destino) me doy cuenta de que he estado cargando inútilmente una de cada tres cosas que traje.

No creo que a todos les pase lo mismo con el equipaje, pero sé que a muchos nos pasa con cientos de "cosas" que, sin ningún sentido, cargamos a hombros gran parte de nuestras vidas.

Cuando tenía yo un consultorio y pacientes en terapia, nunca faltaba el momento en el que yo tuviera que poner en mi boca la fatídica pregunta: ¿no habrá llegado la hora de soltar algunas de esas cosas que inútilmente sigues llevando contigo?

Seguramente las preguntas que habría que contestar después serían las esperables: ¿cuáles son esas cosas que deberíamos soltar y cómo hacerlo?

No son nuestros recuerdos ni tampoco los hechos, porque ambos han sido nuestros maestros y nuestros compañeros de ruta.

Son más bien algunas emociones ligadas indisolublemente a aquellos hechos y los recuerdos demasiado precisos y minuciosos de lo que, para nuestro dolor, no se ajustaron a las expectativas que teníamos. Lo notable es que mi fastidio deviene de saber que las cosas no salieron como yo esperaba, como yo quería, o como yo imaginaba, sino sobre todo por mi incapacidad o resistencia para aceptar la impotencia de no poder cambiarlas.

Por eso y por muchas otras razones, nos apegamos
a las cosas,
a situaciones,
a las personas,
a algunos hábitos.
a determinadas maneras de interpretar los hechos, a una forma
   de actuar
y hasta a ciertos estados de ánimo.

Pero lo más interesante si lo relacionamos con nuestra disquisición de hoy es darnos cuenta de que básicamente nos apegamos (y mucho), a nuestra idea de cómo deberían ser las cosas… tanto, como para llegar a desafiar la realidad.

Un gran maestro budista decía: si la realidad que ves es idéntica a tu deseo, desconfía de tus ojos.

Dicho de otra manera, no deberíamos al levantarnos cada mañana, pintar un cuadro del mundo, y pasarnos el resto del día tratando de que el mundo se parezca a nuestra pintura.

Tu felicidad, tu bienestar y tu calidad de vida dependen de abandonar esa lucha absurda. No estoy en contra de los soñadores y mucho menos en contra de los que trabajan cada día para transformar el mundo en el que vivimos en otro más justo y habitable. Pero reniego de los que parten de la idea de lo que debería ser, porque ellos viven en una realidad inexistente. Sólo se puede cambiar algo si aceptamos que hoy todo es como es hoy y que no es aún (por lo menos aún) como queremos que llegue a ser.

Corresponde aclarar aquí, la diferencia que hay entre aceptar y resignarse. El primero es abandonar el apego a la idea previa de las cosas, y permite comenzar a producir el cambio desde allí, con esos datos y con esas herramientas. Resignarse es declararse vencido y supone abandonar los sueños junto al deseo de hacerlos realidad.

Aceptar no es resignarse; es en todo caso, perder la urgencia.

La vida de cada persona tiene, al igual que la evolución de cualquier grupo humano, pareja, familia, país o sociedad entera, una impredecible pero

inevitable alternancia de altas y bajas. Momentos de esplendor que quisiéramos eternizar, imbricados con otros de dolor o de zozobra que tememos
nunca se superen. El bienestar idealizado no consiste en procurarse solamente momentos de gloria y realización, sino en conocer esta alternancia y
aprender a vivir en ella (no CON ella sino EN ella).

Muchas veces hablamos en esas mesas cuasi filosóficas compartidas
con amigos de detectar y disfrutar con intensidad de cada uno de esos ins-
tantes maravillosos que la vida nos depara. Otras, no tantas, nos ocupamos
de traer a la mesa el tema de saber sobrellevar los momentos difíciles.

Hoy me gustaría caminar contigo por un sendero que nos lleve un
poco más allá. Me gustaría poder señalar algunas pautas que nos ayuden a
"amigarnos" con esos momentos de frustración o de fracaso.

La grandeza de un hombre —decía Nietzsche— se mide por su capacidad de amar la realidad.

No se trata de resignarse al destino de eternos Sísifos, condenados
como el héroe mitológico a empujar cuesta arriba una enorme piedra sabiendo que la roca rodará desde la cima hasta el lugar desde donde comen-
zamos, para obligarnos a repetir el ciclo inútil del ascenso. En la vida que

conozco y que me gusta, aun cuando muchas veces la piedra rueda hacia abajo por efecto de una pendiente, siempre lo hace hacia delante y el punto del recomienzo siempre es mejor que el de partida.

Puestos a pensar en la mitología, creo que la imagen de nuestra existencia que pretendo transmitir se parece más a la que emblematiza el mito del ave fénix, que a la punición del pobre Sísifo.

El ave fénix

Según la leyenda cristianizada, el fénix era un ave maravillosamente bella que vivía en el Paraíso, junto al primer hombre y la primera mujer, a los que, se según se dice, seguía a todas partes. Cuando Adán y Eva fueron expulsados, un ángel portador de una espada de fuego fue designado para cuidar las puertas del Paraíso e impedir que la pareja pudiera volver al Edén. Se dice que empujado por el amor y la lealtad, el ave fénix intentó impedir que las puertas se cerraran definitivamente para sus amigos. En ese momento una chispa saltó de la espada del guardián y el hermoso plumaje del ave se encendió terminando con su vida en una llamarada multicolor.

Quizá como un premio por haber sido la única bestia que se había negado a probar el fruto prohibido, o quizá porque era claramente injusto que un acto de amor terminara en una muerte así, el caso es que todos los ángeles estuvieron de acuerdo en concederle al ave fénix varios dones, como el de sanar las heridas de otros seres vivos con sus lágrimas y el de la vida eterna.

Su inmortalidad se manifestaba en su eterna capacidad de volver a la vida resurgiendo de entre sus cenizas. Según la leyenda, cuando le llegaba la hora de morir, el ave fénix hacía un nido de especies y hierbas aromáticas y ponía en él un único huevo. Después de empollarlo durante algunos días, una noche, al caer el sol, el fénix ardía espontáneamente, quemándose por completo y reduciéndose su cuerpo a cenizas. Gracias al calor de las llamas y de la tibia montaña gris, se terminaba de empollar el huevo, y al amanecer el cascarón se rompía, resurgiendo de entre los restos aún humeantes el ave fénix. No era otra ave, era el mismo fénix, siempre único y eterno, aunque siempre más joven y fuerte que antes de morir. Siempre más sabio porque tenía además la virtud de recordar todo lo aprendido en su vida anterior.

El mito del ave fénix no es patrimonio de la cristiandad. Existe en casi todas las culturas ancestrales, y no sólo en las más antiguas tradiciones sagradas de Oriente (egipcios, hebreos, sumerios y chinos le honran por igual), sino también en los mitos y leyendas del Nuevo Mundo (mayas, aztecas, incas y mapuches tienen equivalentes similares). En casi todas las latitudes es un animal (no siempre un pájaro) de buen augurio que forma parte de la cultura tradicional, garantizando la vida y el eterno crecimiento de la raza.

En nuestro entorno, se lo describe clásicamente como un enorme pájaro con cabeza de serpiente, cuerpo de tortuga, alas de dragón, pico de águila y cola de pez, representando para algunos los cinco dones más virtuosos: Justicia, Fiabilidad, Coraje, Compasión y Humildad.

Los que amamos los cuentos sabemos que cuando una historia está tan presente a lo largo y a lo ancho de la geografía y de la historia, no puede significar más que una necesidad universal y compartida, una enseñanza o un aprendizaje que debe pasarse de generación en generación.

Aprender de los fracasos, volver a intentar lo que no se consiguió, enriquecido por la experiencia y crecer en la adversidad.

Un mensaje de los ancestros que hoy definiríamos como un elogio a la resiliencia y que para los estrategas de la guerra se resume en la conocida frase que anuncia: "Si se pierde la más cruel de las batallas, pero no te mata, sólo consigue hacerte más fuerte".

Un poco más lejos y un poco más cerca

Desde los trabajos de Carl Jung sobre los símbolos, el mundo de lo psicológico no puede ignorar el peso y la importancia de las imágenes que acompañan a la humanidad desde el principio de los tiempos. También allí, como en la esencia misma de la cristiandad, aparece la idea de la resurrección.

Así, el concepto mítico de la muerte nunca representa el final fatídico, sino antes bien todo lo contrario. Es la expresión del cambio máximo, de la cancelación de lo viejo que da lugar a lo nuevo. Es el emblema del aspecto más positivo del desapego en su más acabada expresión.

Dicen los tarotistas que el arcano de la muerte, que dibuja la parca en la fatídica carta número trece, aparece en una tirada anunciando siempre una transformación que forzosamente y no sin angustia acarreará la disolución de viejos conflictos y la superación de antiguos problemas; anticipando el final de lo anterior y el nacimiento de algo nuevo y posiblemente mejor. Una etapa difícil y de pérdidas, llena de dolores y de miedos, pero capaz de liberarnos de arcaicas ataduras. Una puerta abierta que nos empuja a decir adiós a lo que ya no nos sirve.

Una pequeña historia personal

Sucedió hace unos dos años.

Yo había decidido tomar coraje y hacer una pequeña reforma en mi casita de Nerja, un pequeño departamento a 50 metros del Mediterráneo.

Mis planes no eran ostentosos, pero enseguida me di cuenta de que implicaban derrumbar dos muros y levantar un tercero para así ampliar el baño y la cocina, a costa de sacrificar el segundo dormitorio.

La obra comenzó un lunes y mi adorado cubil se transformó poco a poco en un lugar transitoriamente inhabitable.

El jueves, uno de los obreros, conocido mío desde hace tiempo, se golpeó accidentalmente un dedo con la maza. No sucedió nada grave pero de todas maneras le recomendé que parara su trabajo y se pusiera un poco de hielo en la zona para evitar la hinchazón.

Después de improvisarle una bolsa con hielo y sostenerle el brazo en cabestrillo le serví un café y lo obligué a sentarse.

Mientras él lo tomaba, miré de reojo la maza, abandonada junto al muro.

—¿Puedo? —le pregunté a Manuel, el jefe de obra.

—Si tienes cuidado… —me dijo, adivinando mi intención.

Pegué un golpe con la maza en la pared…

Y después otro.

Y otro más…

Un pedazo de pared cayó a mis pies.

Me di cuenta de que una misteriosa sensación placentera me invadía.

Una hora más tarde, escombros era todo lo que quedaba del muro.

Yo me miraba la ampolla que muchas semanas después seguiría doliendo, asomando roja en el dedo pulgar y pensaba en la metáfora del ave fénix.

Dejar, abandonar, morir, soltar algo que alguna vez fue bueno, útil o disfrutable, como única manera de darle paso a algo mejor.

Hoy, sentado en la modernizada y confortable cocina, miro por la luminosa ventana, desde donde ahora puedo ver el mar y me doy cuenta de algunas otras cosas a las que viví inútilmente aferrado tanto tiempo… y de algunas otras con las que todavía hoy cargo; como si no terminara de comprender que el camino es cada vez mejor si se abandona la carga de lo que ya no es, si conquistamos la certeza de que somos capaces de resurgir de entre las cenizas de lo que fuimos, como mi casita, hoy más hermosa que nunca, nacida de entre los escombros de lo que fue.

Sólo una sonrisa para terminar: hace unos meses, paseando por la feria del libro de Buenos Aires, me topé con el libro *Voces del Olimpo*, que de inmediato se transformó en mi fiel compañero de viaje. En él, su autor, el periodista paraguayo Helio Vera, recopila una serie de desafortunados *bloopers* verbales o burradas textuales, extraídos de los discursos de algunos personajes públicos de Sudamérica. En las primeras páginas relata el caso del candidato a un importante cargo político, que en plena campaña había anunciado con vehemencia: "Y les prometo, compañeros, que si ganamos las próximas elecciones, este país resurgirá por fin de entre sus cenizas como el Gato Félix".

Hablando de desapego… sin palabras.

Egosintonía y sociedad

ay temas que, aunque recurrentes en la tarea de un terapeuta, nunca dejarán de requerir nuestra atención y uno
de ellos es el tipo de relación que cada uno establece consigo mismo, con su vida, con su tarea y con sus creencias,
es decir, el análisis libre de conflicto de cada quien con su existencia en-
tendida como un todo, es decir, con sus recuerdos del pasado, su presente
y su visión de futuro

Se trata de un asunto crucial al que hoy prefiero llamar directamente
con su nombre más técnico, la *actitud egosintónica*. Este concepto excede el
más popular término de autoestima, aunque lo incluya; no se trata tan sólo
de saberse valioso ni únicamente de pensar bien de uno mismo; no es un
tema de sentimientos ni de un sistema de creencias adecuado, es mucho
más: una manera de actuar y de vivir la propia vida.

El desafío de armonizar el pensar, el sentir y el hacer no puede apo-
yarse en ningún tipo de comparación con otros, ya que empieza y termina
en mí mismo. Si se comete el error de apoyar esta sincronía en el listado de
mis virtudes y el ocultamiento de mis defectos; esto último terminará inevitablemente en ser esclavo de esconder los aspectos menos "virtuosos" de
mi ser, dando lugar a secretas vergüenzas que sólo pueden conducir al sufrimiento y a siniestras conductas de autodesprecio. En oposición a lo descrito como saludable, se llama a este desvío *egodistonía*.

Los he visto en mi consultorio muchas veces: los egodistónicos, son
personas que llegan a la consulta quejándose de una insatisfacción general, difusa o muy difícil de explicar. Las más de las veces su realidad es

razonablemente buena y dicen ser envidiados por "tener" lo que no llegan a disfrutar; se quejan de su "baja autoestima" y de sentirse atrapados en esa penosa situación: no pueden dejar de portar algunas de las "despreciables" características que los atormentan, sin notar que al proponerse "cambiar" (para agradar a otros) necesariamente establecen y confirman que no son queribles así como son.

Para salir de este atolladero, es importante redefinir algunos conceptos que, a fuerza de ser repetidos quizá demasiado en los últimos años, se han quedado casi sin significado; me refiero a la necesidad de redefinir la autoestima y descubrir la existencia de un "egoísmo sano", que vale la pena desarrollar desde la más tierna infancia.

> La **sintonía armónica** no es otra cosa que la capacidad de mirarme con honestidad y evaluarme adecuadamente, reconocer tanto mis aspectos fuertes como los débiles, mis aspectos nutritivos y los tóxicos, mis luces y mis oscuridades, mis aciertos y mis necedades... Tener una buena y saludable armonía interior no consiste en pensar que soy fantástico en todo (negando lo que la realidad me devuelve), sino en reconocerme tal cual soy y sentirme satisfecho y orgulloso de eso, aun cuando de inmediato pueda decidir ocuparme de trabajar mis aspectos más grises.

Uno debería preguntarse: ¿por qué buscamos infatigablemente ser maravillosos? Seguramente porque pensamos que sólo así los otros podrán querernos, que sólo se quieren las virtudes, los méritos y los logros de los demás. Si nos detenemos un segundo a considerar por qué queremos a quienes queremos, nos daremos cuenta de que nuestro amor por ellos poco tiene que ver con cuán exitosos sean. ¿Queremos más a un amigo cuando consigue un ascenso? ¿Queremos más a nuestra esposa si adelgaza un par de kilos? ¿Queremos más a un hijo si aprueba sus exámenes? Seguro que no. Cabe aclarar que si la respuesta fuera que sí, tu amor no es un gran amor que digamos...

¿Poner límites a la libertad?

A partir de esta idea, no es difícil darse cuenta de lo importante y trascendente que es conseguir sentirnos "dueños de nuestra vida", es decir, con la certeza de estar a cargo excluyente de la propia existencia. Me refiero a saberse y a ser responsable de todo lo que uno hace y dice, así como de aquello que uno decide no hacer o callar. Y aclaro, aunque no debería ser necesario, que NO me refiero a la absurda pretensión hacer "todo lo que se nos antoje", ilimitada e impunemente (actitud que irresponsablemente la sociedad de consumo avala, confundiendo libertad con psicopatía).

No ignoro el condicionamiento de la educación, la presión de la publicidad, de los grupos formadores de opinión, ni la fuerza de las circunstancias. Pero no puedo, ni quiero, negociar con mi certeza de que cada persona adulta, por mucho que haya sido desviada de su camino cuando era infante, es capaz (con ayuda o sin ella) de readueñarse de su vida y de ordenar su contenido.

Como profesional de la salud, no puedo incurrir en la incoherencia que significaría pedirle a alguien que se haga cargo de sus actitudes enfermizas y se anime a cambiarlas, mientras por otro lado le señalo que, dada su educación y sus contenidos inconscientes, no es del todo responsable de sus acciones.

Por otra parte, todos los que trabajamos como psicoterapeutas nos enfrentamos con frecuencia con el desafío de ayudar a aquellos que sólo se sienten capaces de actuar siguiendo el mandato de lo heredado o de lo aprendido y que evitan por todos los medios tener que tomar decisiones que los enfrenten con aquellos mandatos. Personas con vidas empobrecidas, previsibles, uniformes, grises, eternamente iguales y mortalmente aburridas.

La discusión que se abre no es nueva.

Es el viejo conflicto entre la educación y la libertad.

La lucha entre la necesidad de fijar, enseñar y establecer normas por un lado; y el relajado y confiado dejar hacer, por el otro (el famoso *laissez-faire* de los franceses).

Es normal que toda persona adulta actúe en pos de ser cada vez más feliz, es decir, en dirección de sentirse cada vez más satisfecha con la vida que vive. Y, de hecho, una manera de comprender algunas de nuestras conductas es evaluarlas según el grado de insatisfacción previo que fue su motor o según la satisfacción que siembran en nosotros. También es normal que en el camino hacia lo que queremos, a veces debamos enfrentarnos (además de con nuestras propias limitaciones) con los obstáculos que los otros ponen en nuestro camino, mientras luchan, con igual derecho, por alcanzar sus propias metas.

La sociedad asume como propia la responsabilidad, que de alguna forma le corresponde, de ser quien defina, legisle y eduque aquello que favorezca la armonía entre seres distintos, que tienen diferentes proyectos de vida, todos igualmente respetables. Y a partir de allí, como lo puntualiza claramente Alberto Benegas Lynch, establece normas de conducta que intentan congeniar los intereses de todos, tratando de proteger a la vez el derecho de cada uno de hacer con su propio cuerpo, alma y espíritu lo que considere pertinente. En otras palabras, pretende arribar a un orden social en el que se honren naturalmente las mejores pautas de convivencia, basándose en el hecho indudable de que, en una sociedad sana y madura, el principal *bien común* empieza en el respeto recíproco

Claro que decidir sobre cuáles debían ser esas normas y reglas no ha sido fácil —y sigue sin serlo. Durante siglos, la humanidad ha ido designando tácita o implícitamente a los que consideraba más dotados o escuchados para que sean quienes opinaran o legislaran la manera de encontrar lo mejor para todos o, por lo menos, encontrar el mal menor. De algún modo, estas opiniones calificadas, junto a sus deformaciones a manos de la gente, configuraron un cuerpo de normas que después otros —padres, maestros y jueces— utilizaron para educar a las generaciones que siguieron, modificando así el acervo cultural de cada pueblo y torciendo su rumbo, no siempre en la mejor dirección.

Frédéric Bastiat —uno de los padres de la economía de libre mercado, fallecido a mediados del siglo XIX— decía que, a su modo de ver, una parte de nuestros problemas se debía a que en el mundo occidental había un exceso de "grandes" pensadores: demasiados políticos, demasiados dirigentes, demasiados guías de pueblos, demasiados presuntos héroes... Demasiada gente que se coloca por encima de los demás creyéndose capacitada para decidir por ellos, para decidir qué es lo que sería mejor para todos. El ilustre economista francés conocía la importancia y lo positivo que las opiniones más calificadas podrían significar para los menos capacitados, pero aparentemente esto no le parecía suficiente justificación como para entregar a unos pocos la capacidad de legislar sobre el bien y el mal.

Aun pensando que fuéramos capaces de establecer las mejores normas, no será nada fácil conseguir que todos los miembros de la comunidad acepten de buen grado la propuesta de los que más saben. En los hechos, cada grupo humano terminará, como ha sucedido hasta hoy, estableciendo una forma de presión, de control o de castigo en "defensa" del interés común. Y es que estos mecanismos —que con justicia podríamos llamar represivos— no pueden ser aceptados si antes no se consigue consenso sobre la conveniencia de acotar algunos "privilegios" o derechos de un grupo para el beneficio de la mayoría.

La falacia de la ventana rota

La contratendencia que nos empuja a ver sólo la ventaja de un hecho sin tener en cuenta los perjuicios que causa a otros es denominada por el mencionado Frédéric Bastiat como "la falacia de la ventana rota".

Sería un error pensar que un niño hace una buena acción al romper el escaparate de una tienda de su barrio, basándonos en que el tendero, al reemplazarlo, dará trabajo a un vidriero; y que éste, a su vez, al usar el dinero para comprar materia prima, dará empleo a otros, creando una cadena de beneficio mutuo. Aun poniéndonos de lado de la cadena de trabajo que genera la travesura, el pensamiento sigue siendo falaz ya que no parece tener en cuenta el daño de la rotura en sí e ignora maliciosamente el hecho evidente de que, de no haber tenido que cambiar el cristal roto, el dueño del local hubiese gastado su dinero en otras cosas, que también habrían generado trabajo para otros.

Es evidente que para determinar verdaderamente si algo es nocivo o constructivo habrá que considerar no sólo las consecuencias buenas o malas del hecho a corto plazo, sino también las otras, las consecuencias a medio o largo plazo, directas o indirectas.

Recuerdo ahora mi placer casi infantil por las películas que hablan de viajes en el tiempo y la propuesta, casi unánime de todas ellas, que establecen que cualquier cosa que cambies en el pasado sólo puede agravar la situación en el futuro.

Vamos por otro lado, hacia el cuestionamiento de las actitudes represivas.

Sólo para obligarnos a pensar en ello: ¿es válido torturar a una persona, para arrancarle la información sobre quién y cuándo hará explotar una bomba?…

En primera instancia, parece indudable que obtener dicha información, de la forma que sea, será bueno, especialmente si pensamos en las vidas que salvaremos. Pero ¿qué consecuencias tendrá tamaña violación, si la aceptamos, en la vida de esa comunidad, de ese pueblo y de todos nosotros *a posteriori*?

Hacia la autodependencia

Y pensando en nosotros mismos:

Algunos planteamientos estructurales de nuestra educación, represivos y competitivos (incluida la perversa idea de la "sana" competencia) podrían ser evaluados por algunos ingenuos y por otros malintencionados, como positivos debido a la misma falacia de la ventana, ya que simulan ser capaces de impulsar, en un primer momento, la más eficaz manera de actuar, aunque finalmente terminen empujando al individuo en la dirección contraria, por la vía de la rivalidad, la envidia o la guerra.

Además, ¿que sentido puede tener sumergirnos en absurdos mecanismos de autotortura para intentar parecernos al modelo socialmente aceptado por la sociedad de consumo, que internamente determinamos como fuente de nuestros males?

La salud psicológica individual y grupal no puede entenderse como el acatamiento de reglas, disposiciones, mandatos y códigos, designados como imprescindibles para el buen vivir.

La educación para la salud y el crecimiento no consisten en aprenderse de memoria una serie de recetas o soluciones a otros tantos problemas estadísticamente indicados como los más frecuentes; porque eso sólo consigue transformar a los individuos en sofisticados robots, espectadores apenas interactivos de su empobrecida vida.

Será mejor y más efectivo apostar por la construcción de un orden social en el que se produzcan las normas elásticas que ayuden al crecimiento de todos; una sociedad de individuos capaces de volverse cada vez más autodependientes —palabra que, para mí, resume la combinación de autonomía, responsabilidad, autoestima y coraje.

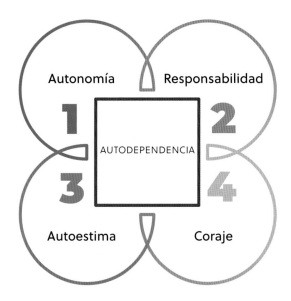

Los que trabajamos en esta nueva propuesta de psicología para la salud, intentamos colaborar con un grano de arena a esa educación en libertad. Y esto significa aprender a poner límites a los demás sin ser crueles y a animarse a descubrir los límites de los propios poderes y capacidades, sin avergonzarse de ellos.

Proponemos el camino irrestricto del respeto y la aceptación de los demás, sin renunciar a ser quienes somos.

Soñamos sin desmayo con un mundo en el que los vínculos sanos potencien y multipliquen, por su sola influencia, la salud y la felicidad de todos.

Libertad no es autosuficiencia

No hay que confundir ser libre, sólido o fuerte con creerse omnipotente. Nadie es autosuficiente, aunque se jacte de ello o lo considere su máximo objetivo. Es evidente que para ser quienes somos, necesitamos (antes, ahora y después) la mirada ajena que nos completa, nos actualiza y nos significa; y sin embargo, en las cosas importantes tanto como en la conducta cotidiana, somos tan libres como seamos capaces de sostener, asumiendo la responsabilidad de aquello que libremente elegimos.

Libres de ser quienes somos sin obligarnos a parecernos ni a la mayoría, ni a una selecta minoría (aunque los demás nos amenacen con el abandono, el desamor o el inevitable fracaso en todo, si seguimos siendo "así").

Libres de pensar lo que pensamos aunque a algún otro no le guste o no coincida con nosotros (aun cuando nadie coincida con nuestro pensamiento).

Libres de sentir lo que nos fluye del corazón, sin pretender forzarnos a sentir lo que otros sentirían en nuestro lugar (aunque algunos traten de imponernos olvidar, porque "no nos convienen" algunas emociones).

Libres de luchar por nuestros sueños, sin necesidad de que alguien más los avale como lógicos o posibles y sin pedirle permiso a otros para trabajar por aquello que tanto deseamos.

Nunca he podido llegar a este punto, hablando de la libertad, sin recordar *El miedo a la libertad* de Erich Fromm, aquel libro que me marcó para siempre (tanto a mí como a toda mi generación). El libro que puso frente a nuestros ojos el más que terrible pensamiento, ese que nadie se anima a enunciar a viva voz, ni a declamar como propio, pero que actúa, estoy seguro, en la sombra de algunos momentos de nuestras vidas: la falacia que justifica la imbecilidad, esa que sostiene que el que obedece nunca se equivoca.

Después de leer a Fromm, todos debimos admitir que ser libres, absolutamente libres, nos daba miedo. No sólo por la responsabilidad que implicaba sino también porque aprendimos a definir la libertad, no tanto como una " libertad de" sino también y sobre todo como una "libertad para". Esta idea, tan fuerte, nos obligaba a definir qué sentido tendría esa libertad que estábamos dispuestos a defender con uñas y dientes. Conseguir ser libre significaba saber qué pretendíamos hacer con eso, ya que, sin esa condición, este bien, el más preciado, podría volverse una pesada carga, una maldición que soportar, sin ningún beneficio y sin ninguna recompensa.

Necesitar ayuda no es ser débil, pero otra cosa es depender de quien ayuda. No son pocos los que asustados por la sensación de no saber qué hacer con la libertad que les corresponde por derecho, o no dispuestos a asumir la responsabilidad que eso implica, eligen "libremente" volverse esclavos. Esclavos de un modo de actuar estandarizado, esclavos de la moda, esclavos del trabajo y el dinero, esclavos de una droga, y hasta amorosos esclavos de otras personas. Y aunque a ti te parezca demasiado fuerte calificar de esclavitud a estas situaciones, cualquier dependencia es una forma de sometimiento, aunque sea voluntaria. No valen como excusa, argumento ni justificación, las frases hechas que intentan suavizar la gravedad de tales decisiones. "Uso ésta o aquella droga, pero no soy adicto, la puedo dejar cuando quiera." "No soy alcohólico, sólo bebo en determinadas situaciones, no todo el tiempo." "Me gusta mi trabajo por eso le dedico tanto tiempo." Y dejo para el final de los argumentos el más cruel: "Soy esclavo del amor, no de mi amado"…

Drogadictos, workahólicos, codependientes, adictos al dinero, al sexo o al poder… no importa cuál sea tu "droga", ella siempre se parece al genio maligno de este viejo relato hindú:

*D*icen que había una vez un hombre que había heredado grandes campos. Sus tierras eran fértiles, pero el hombre era tan holgazán como avaro y las malas hierbas fueron creciendo a su antojo en sus terrenos.

Noche tras noche se lamentaba de su suerte, por haber heredado tierras tan improductivas. En su queja ofrecía su alma al diablo a cambio de que las tierras se volvieran prósperas.

Dicen que una de esas noches un genio maligno respondió a su llamado y le dijo:

—Ya que me convocaste, te ayudaré haciendo todas las tareas que me sean necesarias para florecer tu campo, pero debes saber una cosa: soy un genio muy activo y me disgusta estar por allí, sin tener algo que hacer... Nunca me dejes sin tarea porque si eso sucediera, serás tú quien se volverá mi esclavo.

El hombre pensó que aquello, lejos de ser un problema, era una magnífica noticia. Siempre tendría una tarea para encargarle; había mucho por hacer y afortunadamente no tendría que hacerlo él.

—Ve a mis campos, limpia las impurezas y labra la tierra —le dijo como primera misión.

—Así lo haré, mi amo —dijo el genio.

El hombre creyó que sus preocupaciones habían terminado, con la ayuda del genio todo sería sencillo. Se dirigió al salón de su casa y se dispuso a descansar como hacía tiempo no lo hacía, quizá se tomaría unos días para pensar en su próximo pedido, para cuando el genio regresara en un par de semanas...

Sin embargo, al cabo de unas horas, el genio regresó:

—Ya he terminado la tarea que me encomendaste, amo.

—¡¿Cómo es eso posible?! —exclamó el hombre rico—. Es un trabajo de meses...

—Soy un trabajador muy eficaz —dijo el genio—. ¿Qué debo hacer ahora? Rápido, amo, dame trabajo.

—Ocúpate de la siembra y del riego —dijo el hombre algo nervioso.

—Como desees, mi señor —dijo el genio y salió volando hacia los campos.

El hombre fue hasta la ventana y vio con asombro cómo, sobre sus tierras labradas, el genio sembraba y regaba con asombrosa rapidez.

—*Ya he terminado* —*dijo al regresar, media hora después—. ¿Qué más quieres de mí?*

El hombre tuvo que pensar un poco y mientras lo hacía, vio cómo el genio comenzaba a impacientarse y a cambiar de color; era evidente que ese tono morado de su piel no presagiaba nada bueno.

Después de unos minutos encontró una nueva tarea para el genio, lo mandó a excavar un nuevo pozo de agua.

El genio recuperó su color natural y marchó a cumplir su orden.

El hombre comprendió con horror que, por más tareas que le diese, el genio las cumpliría una tras otra y que, después cuando llegara el momento en el que no hubiera más para pedirle, cuando quisiera echarlo de su vida, el poderoso genio se volvería más morado y exigente y eventualmente tendría la excusa necesaria para adueñarse de su campo, de sus acciones y de la vida del que fuera alguna vez su amo. Si no podía librarse de él, terminaría siendo esclavizado por el genio que había convocado, en su fallido intento de hacerse la vida más placentera, más cómoda y más fácil.

Efectivamente, aquello de lo que terminamos dependiendo se parece un poco a este genio maligno. En un principio dispuesto a darnos una salida, un consuelo o una ayuda, se presenta diciéndonos que está a nuestro servicio, que nos apoyará en nuestros próximos pasos, que nos evitará los problemas y las frustraciones, que ya no tendremos que preocuparnos.

Lo peor es que en el comienzo pareciera que todo lo que se ha prometido se cumple; la vía de escape funciona, la angustia desaparece, el consuelo alivia…

Pronto descubrimos que nada de lo que nos dan es barato, y al contrario el precio es cada vez más caro. A cambio de pequeños beneficios se nos pide cada día más. Terminamos, como en el cuento, esclavos de aquello que alguna vez acogimos con gozo.

Ya se trate de drogas, de alcohol, de comida, de sexo, de videojuegos o de internet, todo lo que utilizamos para solucionar "mágicamente" nuestros problemas o para evadirnos de los mismos, puede convertirse en una adicción, y los terapeutas hemos aprendido a aceptar que las adicciones se han ido transformando en el mayor y más frecuente problema del hombre contemporáneo.

Un joven músico de nombre Joaquín, a quien las drogas terminaron llevándolo a ingresar en una institución especializada en adicciones, compuso una canción que describe el calvario de los drogadictos. Las palabras de su letra, según él mismo me contó, las inspiró el maravilloso "Poema número once" de Hamlet Lima Quintana:

De a poco, las drogas le fueron robando sus ideas
y todas las palabras que describían su presente.
Y fue lo mismo
que si lo afirmaran con clavos al silencio.

Su dependencia le robó después todos sus bienes,
y con ellos la confianza que tenía en los demás.
Y fue lo mismo
que si el aire se hubiera congelado a sus pies.

Así perdió más tarde la paz, que alguna vez pareció darle,
también el trabajo y por ello también el descanso.
Y fue lo mismo
que condenarlo a perderse entre grises laberintos.

Su adicción le robó también, en un descuido,
sus proyectos, su derecho a elegir y a rebelarse.
Y su vida fue lo mismo
que deambular con sed por las tinieblas.

Y cuando su deterioro vino a robarle al final su identidad,
él no sintió pena, ni miedo, ni fastidio
porque ya era lo mismo...
que si no le robaran nada...

Triste historia la de las víctimas de éstos y otros robos solapados, pero no olvidemos que estas situaciones requieren siempre de la complicidad de la víctima, especialmente en los casos en que el ladrón viene de la mano de un vínculo enfermizo y tóxico que, disfrazado de una gran pasión, nos hace depender de lo que creemos amar.

Lo simple y sencillo de la vida

Simple, *humilde* y *sencillo* son adjetivos que nuestra sociedad suele utilizar como descrédito, menosprecio y hasta insulto. Palabras usadas con demasiada frecuencia como si fueran (y obviamente no lo son) equivalentes de primitivo, pobre, chato, básico, humillado o infantil. Una distorsión que parece establecer que lo valorable, lo inteligente y lo que vale la pena tener en cuenta debe ser por fuerza complicado, difícil o elitista y nunca rozar siquiera lo fácil, lo evidente, lo accesible o lo obvio.

Considerado como valor a defender, lo sencillo es, simplemente, lo que no tiene dobleces ni ambigüedades, lo que carece de recovecos y de trampas. Sencilla es la persona que se muestra como es, que habla de manera clara, que va directo al punto, sin rodeos, mostrando desde un principio su posición y sus intenciones, lejos, muy lejos de la exigencia, del doble discurso o de la manipulación de ocultos maquiavelos que esconden de la mirada del afuera su intención titiritera.

Un cuento tradicional zen ilustra la cualidad de la sencillez:

Hung había alcanzado la Iluminación. Y como todos los iluminados hablaba muy poco al respecto.

Los discípulos intentaban conocer su experiencia, preguntando y preguntando.

Lo único que lograron extraerle fue que, al iluminarse, se había sentido como un tonto. Cuando le preguntaron por qué, Hung dijo:

—Me he pasado muchos años de mi vida escalando un alto muro, he caído y comenzado cientos de veces, he desgarrado mis manos y lastimado mis pies,

finalmente he conseguido trepar y, una vez arriba, lastimé mis manos para rom-
per el cristal de una ventana y entrar en la torre de la iluminación…

Los discípulos no podían creer que el maestro se refiriera a la iluminación y
que entrar en esa casa, el sitio de los iluminados, como algo que lo hiciera cali-
ficarse como tonto. ¿Es que la iluminación no valía el esfuerzo, el sacrificio y las
heridas que significó poder llegar a ella?

Hung adivinó el pensamiento de los jóvenes discípulos y concluyó:

—Cuando estuve adentro me di cuenta… de que la puerta siempre había
estado abierta.

La sobrevaloración del intelecto y de todas las cosas que sólo la razón puede ver ha producido un efecto devastador sobre nuestra percepción de los
hechos, logrando enfrentarnos con la máxima paradoja: no resulta nada fácil conectar con la sencillez de las cosas simples.

Lo sencillo es difícil de aceptar y complicado de transmitir.

Estamos tan acostumbrados a dar tanto crédito a nuestros supuestos
y presunciones que la realidad, tal como es, suele parecernos increíble o
sospechosa.

¿Cuántos simples "no" y cuántos simplísimos "sí", dichos a tiempo,
podrían haber cambiado el rumbo de nuestras vidas?

Pero nos enredamos, nos confundimos, nos complicamos… y nos
equivocamos.

Hemos construido un mundo tan sofisticado, tan alejado de la naturaleza, con tantas cosas que se interponen entre nuestra percepción y los
acontecimientos, que cada vez nos resulta más difícil acceder a lo sencillo,
a lo que se ofrece a nuestros sentidos, a lo que nos permitiría vivir de un
modo más relajado, más recostado en lo que es y no en lo que se representa. Y lo peor: ¡estamos orgullosos de ello!

En lugar de salir al patio, a la calle, abrir la ventana o ir al balcón para
saber cómo está el día… encendemos la televisión para escuchar el reporte
del clima. ¿No parece una locura lisa y llana?

Los medios de comunicación, todos ellos, se presentan hoy ya no como alternativas que complementan nuestra percepción, sino como medios hasta más válidos y deseables que las experiencias directas. (Los que se encargan del clima van cada vez más lejos en su soberbia y dicen: "Se pronostica lluvia, pero mejorando por la tarde"… "¿Mejorando?"… ¿y si a mí me encanta la lluvia, cuál es la mejoría?)

La web, por ejemplo, que demasiadas veces propone sustituir la contundencia del encuentro de los cuerpos por una puesta en escena virtual, donde cada persona se presenta como el personaje que encarna su *"nickname"*, diseñado según lo que se quiere mostrar y no según la persona que se es. No dudo que este comentario está teñido de las limitaciones que me impone mi edad a la hora de sintonizarnos con la vigencia y la importancia de las redes sociales, pero nos preguntamos cómo se hace, si uno prefiere las personas de carne y hueso, piel y cabello, con aromas reales y temperatura en la piel.

Las neurociencias vienen en nuestra ayuda para demostrar que el encuentro de cuerpos aporta al vínculo con los demás datos importantes que no se pueden lograr a través de la computadora. En el año 1996 en Parma, Italia, un estudioso de la conducta animal, el doctor Giacomo Rizzolatti observa cómo ciertos macacos reaccionan ante las acciones de sus congéneres con respuestas similares, aun sin recibir los mismos estímulos. Dan muestras de satisfacción a ver a otros monos siendo acariciados y muestran gestos de dolor ante otro macaco que se ha lastimado una pata. Investigando el hecho, consigue detectar una zona del cerebro prefrontal, que se activa en presencia de otros macacos cuando éstos están respondiendo a un estímulo agradable o desagradable. Una respuesta empática con base fisiológica y orgánica. A las células de esa zona las llamó *neuronas espejo* y las localizó después en los seres humanos. Este hallazgo tan sorprendente como interesante podría confirmar la incapacidad para comprender exactamente lo que le pasa a otro con el solo diálogo y a través de un monitor. La presencia física estimula todos nuestros sensores y activa, sabemos hoy, este centro empático que quedaría fuera de juego en las comunicaciones virtuales.

Antes de que internet siquiera existiera, ciertamente corríamos algunos riesgos que no se podían anticipar, pero también disfrutábamos si había éxito de la sencillez del placer de mirarse, de sentirse atraídos, de seguir adelante, de conocerse y de entusiasmarse… En el camino, algo tan sencillo y primitivo como el beso, que anteriormente hasta marcaba un antes y un después y que hoy quizá no signifique tanto, pero que sigue siendo posible sólo en el plano de la realidad tangible. Sensaciones y vivencias que posiblemente ni siquiera se puedan poner en palabras, aunque por suerte siempre habrá poetas, como Gabriela Mistral.

> Hay besos que pronuncian por sí solos
> la sentencia de amor condenatoria,
> hay besos que se dan con la mirada
> hay besos que se dan con la memoria. [...]
> Hay besos perfumados, besos tibios
> que palpitan en íntimos anhelos,
> hay besos que en los labios dejan huellas
> como un campo de sol entre dos hielos.
> Hay besos que producen desvaríos
> de amorosa pasión ardiente y loca,
> tú los conoces bien, son besos míos
> inventados por mí, para tu boca.

De todas maneras, ni siquiera el mejor poema podrá sustituir la sensación que deja un beso de amor. Afortunadamente ese éxtasis permanecerá atado y disponible en la sencillez del beso que sólo puede apreciarse al ser vivido.

Todos los terapeutas sabemos desde hace mucho que el mundo en el que cada uno vive es mucho más una representación interna de las cosas que la verdadera percepción que tenemos de la realidad externa, y por eso, dependiendo de nuestra perspectiva, la vida puede aparecer ante nuestros ojos más feliz o más desdichada, más chispeante o aburrida, llena de tristezas o de alegrías, más simple o más complicada (la filosofía budista sostiene que finalmente todo está en la mente y terminaremos convirtiendo nuestra vida en aquello que pensamos de ella).

Sea por el mecanismo de la profecía que se autorrealiza o por la focalización de la energía ligada al pensamiento, lo cierto es que muchas veces se confirma en la realidad de nuestra vida cotidiana que sólo la conducta eficaz y simple construye, mientras que las ideas catastróficas, los análisis interminables y las evaluaciones hipotéticas pueden, si no estamos alertas, enturbiar la mirada y ayudar a la postergación infinita y el fracaso inevitable.

Si quisiéramos conseguir que este conocimiento jugara a nuestro favor, sería imprescindible empezar por el principio. Y el principio en este

caso es, obviamente, la manera en la cual empezamos cada día. Deberíamos, pues, habituarnos a considerar cada nuevo día como una oportunidad más de acceder a la belleza y la utilidad de las cosas simples que la vida nos regala, en lugar de sumergirnos en las complicaciones de la alta complejidad, la aún más alta competitividad y las incuestionables "reglas del mercado", ya que son estas últimas las que nos terminan distanciando de nuestra capacidad de disfrutar de lo sencillo: la espontaneidad, la frescura, la ingenuidad y la sorpresa de lo inesperado…

La conspiración contra la sencillez tiene su mayor aliado en las campañas publicitarias que inventa para su propio y exclusivo beneficio la sociedad de consumo. Imágenes atractivas y frases envolventes que señalan con insistencia que es "lo básico y necesario para ser feliz, para sentirse pleno, para estar conforme y satisfecho de la vida que se lleva y de las cosas que se tiene".

Con increíble ingenio y millones de dólares, los especialistas en marketing nos hacen creer que el mundo real es aburrido e insuficiente comparado con aquel que nos propone la publicidad, lleno de efectos especiales, fuegos artificiales, arcoíris multicolores y felicidad instantánea.

Volver a lo simple es también rescatar los modelos de convivencia amigable y llenos de cortesía que eran naturales en el comportamiento social, hasta hace menos de medio siglo. Recuperar, por poner solo un ejemplo, la sencilla y saludable costumbre de saludar a todas las personas con las que uno se encuentra, aunque sean desconocidas; por el único motivo de que se ha cruzado conmigo, es un ser humano, un semejante que existe y merece ser tratado como tal.

La estridencia, los excesos, la ostentación y la cultura de la apariencia son comportamientos que claramente se oponen a la armonía natural de la vida.

La intriga, los chismes, las manipulaciones y la falsedad son maneras de complicarse y de complicar nuestro paso por el mundo, alejándonos del equilibrio y la plenitud que devienen del contacto con la verdad más sencilla y simple.

La creatividad

En los últimos años y sin lugar a dudas motivado por los duros momentos que atraviesan nuestros países y el mundo entero, he intentado acercarte desde muchos espacios y en diferentes formatos algunas ideas, en la esperanza quizás vana, de que nos ayuden a poner en marcha valores y recursos, nuevos o viejos, que alivien un poco el camino.

Nuestro camino
el de aquellos a los que amamos
el de todos los que vemos trastabillar o caer, al enfrentarse a las dificultades de una realidad que parece, para muchos, cada vez más amarga.

Muchas veces he hablado de la toma de decisiones, de la disciplina y del afán de superación. Pero ¿qué pasa cuando a pesar de ello nada es suficiente? Cuando el cambio que espero no llega. Cuando lo cotidiano me confronta con la misma frustración, día tras día.

La más necia de las expectativas, decía mi profesor de psiquiatría en la Universidad de Buenos Aires, es hacer siempre lo mismo y pretender que el resultado sea algo diferente. Decía mi abuelo, que era igual de sabio pero menos ilustrado, que el más estúpido de sus amigos era TAN estúpido que

siempre se quejaba diciendo "¿Cuántas veces deberé pegarle a este perro para que se convierta en gato?".

El último ejemplo puede sonarnos absurdo o increíble, sin embargo durante treinta años he visto pasar por mi consultorio a padres que creen que el descalabro moral de sus hijos se debe a que no los han castigado suficiente…

Más de lo mismo esperando el cambio
es la garantía del fracaso.

Para que algo cambie deberá cambiar algo.

Y si ese cambio no ocurre solo (casi nunca lo hace) deberé hacerlo yo.

Corregiré pues la frase: la mayor parte de las veces, para que algo cambie deberé cambiar lo que yo hago.

Muchas son las herramientas que podría proponer para encontrar ese camino hacia lo nuevo y lo diferente. La mejor y la madre de todas estas herramientas se llama *creatividad*.

Todos los días nos cruzamos, aquí y allá, con aquellos que reniegan de esa capacidad; personas que prejuiciosamente creen que son incapaces de hacer algo diferente para transformar su realidad, aunque sea un poco, y terminan ciñéndose a lo de siempre, a lo aprendido o a lo que todos hacen… "Es que yo no soy muy creativo…", argumentan, como si ésa fuera una virtud reservada para unos pocos.

Sin embargo, cualquiera puede ser, y es, potencialmente creativo, especialmente si entendemos que la creatividad no es y no se mide por nuestra capacidad de hacer una obra de arte.

Crear es simplemente hacer o pensar algo por primera vez, es darle vida a lo que antes no la tenía, es parir algo que hasta ese momento no era, es animarse a explorar un terreno no conocido. Nada más y nada menos.

Muchas personas se amparan en la rutina y en la experiencia para no cambiar, asegurar los resultados y prevenir errores, sin darse cuenta de que esta actitud también es el origen de la reiteración del fracaso, y la garantía de no explorar nunca nuestro máximo potencial, por no hablar de la puerta que se abre franca al desgano y el aburrimiento.

"Nada más aburrido que lo repetido", dice el refrán.

No hace falta haberlo estudiado para darse cuenta de que, para ser creativo, lo único indispensable es estar dispuesto al cambio, a captar objetos, eventos y situaciones desde varios puntos de vista y combinarlos con nuestra imaginación, llevando como emblema autorizado el mecanismo de ensayo y error.

Una vieja tetera rota convertida en pequeño macetero; un frasco de mermelada vacío, decorado y devenido en portalápices; una antigua manta transformada en funda para cojín, son sencillos pero importantes ejemplos de esta creatividad de la que hablamos.

¿Por qué ir todos los días a trabajar por el mismo camino? ¿Qué pasaría si un día recorro un tramo caminando, y otro en el metro? ¿O tal vez en bicicleta? Seguramente se harían presentes nuevas sensaciones, estímulos diferentes para algunas ideas también diferentes.

En el relato autobiográfico de todos los grandes hombres y mujeres de la historia aparecen esos encuentros sorprendentes y fundamentales, que suceden cuando menos los esperaban en sitios jamás pensados. Ellos siempre dicen en sus propias palabras que aprendieron que, para que lo inesperado llegue a la vida de uno, es necesario dejar espacios y tiempos abiertos para que ocurra. Si la agenda y la mente están "llenas" por completo, ¿cuándo podrá presentarse lo sorprendente?

En cualquier actividad humana, creatividad implica modificar las sendas del destino, tanto en el trabajo cotidiano como en el planeamiento de un viaje de placer, desde la decisión de pintar un cuadro hasta ordenar una casa, desde la posibilidad de disfrutar de nuestra sexualidad hasta la de embarcarse en el desafío de una pareja estable. ¿Cuántas relaciones terminan aniquiladas por el aburrimiento? Si entre dos, alguno fuera creativo, si alguien dijera algo distinto alguna vez, si cualquiera dedicara un poco de tiempo a sorprender a su pareja, si ambos pudieran proponerse cosas diferentes, los cambios enriquecerían esa convivencia o relación, relanzándola a la vida, a lo inesperado y atractivo de cada día. Nada más tóxico que la previsibilidad para ir apagando los sentimientos más apasionados.

Se trata (como dice la canción de Arjona) de agregarle vida a los años en lugar de sólo seguir sumándole años a la vida.

La creatividad puede iluminar los días de mucha gente que, por falta de práctica, espera todo de los demás, no tiene la menor iniciativa, no puede crear nada distinto para procurarse alegría o satisfacción...

Así como para un niño una caja de cartón vacía se puede transformar, mediante el juego, en un avión, en una casita encantada, en un auto, la vida de los adultos puede deparar inmensas sorpresas si hay decisión de hacer un cambio. Es necesario, de vez en cuando, detenerse, pensar y reconsiderar si vivo como quisiera vivir, si lo que me está pasando es lo que quiero que me pase, si mi cuarto se ve como a mí me gustaría verlo cada mañana. Tal vez esa buhardilla llena de cosas inservibles pudiera transformarse

en un lugar encantador y propio, un tallercito para hacer cosas tan inútiles como gratificantes, un lugar lleno de libros, con un sillón y una lámpara de pie, que me invite a leer.

Es obvio que cuando las carencias económicas aprietan el cinturón de las personas y de sus familias, toda la creatividad debe centrarse en la supervivencia, pero en todos los otros momentos y situaciones, esa fuerza potencial puede dirigirse a la expansión, a la apertura, a la acción. Puede parecer una frase hecha, pero ¡hay tanto por hacer en el mundo! Especialmente, en favor de la comunidad donde vivimos. En el consorcio del edificio donde vivimos, en el barrio, en la escuela cercana, en la asociación mutualista de aquí a la vuelta, en el centro de jubilados, en la agrupación ecologista, en un partido político, en la iglesia. Hay parientes, amigos y vecinos que posiblemente necesiten de alguien cerca de vez en cuando, aunque no sea más que para sentirse queridos y escuchados. Por qué no pensar en ellos cuando todavía tenemos la energía, el deseo de ayudar y el tiempo.

Una mujer de más de 50 años, que vive en una ciudad cualquiera, educada con nuestros parámetros judeocristianos y que ha dedicado toda su vida, día por día, a formar una familia, a criar a sus hijos y a trabajar dentro de la casa, sufrirá por fuerza y con mayor o menor gravedad la crisis que los terapeutas llamamos el "síndrome del nido vacío".

Si se queda haciendo más de lo mismo, terminará sumergiéndose en una depresión de oscuro pronóstico, pero si se anima a mirar el cielo y romper su techo de cristal, podrá comprender que ésta es su oportunidad; podrá darse cuenta de que ahora sí puede iniciar aquellas actividades que no pudo desarrollar antes; ahora puede iniciar o retomar su abandonada vocación; ahora puede intentar procurarse un trabajo fuera de su casa, una carrera; ahora puede por fin dedicarle algún tiempo a la ayuda social o a la militancia política.

Como en casi todos los temas sociales, la solución definitiva de todas estas situaciones es la Educación. Quiero decir que estemos alertas de la necesidad de fomentar desde la niñez el valor de la creatividad.

Si cuando un niño viene con un aro de hojalata y dice: "Mira, qué lindo, es el anillo de un gigante"; el adulto le contesta: "Ay, niño, que no es un anillo, es la manijilla que sirve para abrir las latas de refrescos…", estará cercenando en ese solo comentario alguna posibilidad de que ese niño sea más y más creativo.

Si, en cambio, ese mismo adulto se separara de las cosas serias que tanto lo ocupan y fuera capaz de decir: "¡Qué lindo! ¿En qué dedo lo usa?", enredándose por un momento en el juego del niño, estará sentando las bases de la posibilidad de jugar con la realidad, de transformarla, de hacer que vaya por donde él quiere ir y de aprender a transitar por donde las circunstancias le propongan descubrir nuevas cosas y descubrirse en ellas.

Ayudará a que, en el futuro, esa fuerza potencial puede dirigirse a la expansión, a la apertura y a la acción.

Me podrás decir, no sin razón, que todo lo dicho está bien para los momentos de mar calmo, pero ¿qué pasa si, como dijimos, el río está revuelto, la situación se pone difícil, o el peligro acecha? ¿No es ése el momento de atarse a lo conocido, a lo probado, a la experiencia propia y ajena? No hay una respuesta única. Es posible que aun en esos casos estimular la creatividad pueda aportar nuevas y mejores soluciones a los problemas y los riesgos que la vida nos plantea.

Quien es creativo vive con mayor soltura los contratiempos porque siente la serenidad de aquellos que, aunque no sepan dónde encontrarán la salida, saben que ya se les ocurrirá algo para sortear esos malos momentos.

Quienes sean capaces de dejar volar su imaginación, disfruten de su curiosidad y se permitan pequeños o grandes espacios creativos, también vivirán mejor que otros las épocas de bonanza, sin temor por el futuro, afirmándose en la íntima convicción de que la realidad puede acercarnos a algo mejor si nos animamos a intervenir creativamente en un momento difícil.

La identidad como
zona de confort

no de los frecuentes misterios a los que nos enfrenta la observación de la conducta cotidiana es esa absurda tendencia que tenemos todos a repetir situaciones indeseables, a establecer vínculos perniciosos con un mismo tipo de personas, o a enredarnos en "negocios" que por experiencia sabemos "que no terminan bien". Se trata de una enfermiza y muchas veces peligrosa actitud, que confirma frente a los demás y a nosotros mismos nuestra propia neurosis, una conducta por lo menos tendencialmente autodestructiva.

"Es que me boicoteo", suelen decir muchas personas frente a un repetido fracaso.

"No me permito que me vaya bien…", argumentan otros, como diciendo que actúan casi a sabiendas y produciendo que la cosas salgan mal.

"Siempre hago algo para sabotear mis propios éxitos", concluyen todos, con cierto aire quejoso pero dignamente triunfalista.

Permíteme decirte que, en lo personal, no creo demasiado en estos argumentos. Dudo de que tantas personas puedan querer, sinceramente, arruinarse la vida… y aun si admitiera la posibilidad eventual, casi nunca es el caso.

Lo que sucede, a mi entender, es que la idea del "autoboicot", tiene en sí un atractivo peculiar, y es el de sostener intacta la autoimagen, al mantener a salvo la fantasía de que nuestro poder personal es capaz de imponerse sobre el acontecer azaroso e impredecible de la realidad concreta.

"No es que yo no pueda con esto sino que en el fondo (muy en el fondo) no quiero", dicen, intentando convencerse de que a pesar de los hechos adversos a sus intereses, en realidad, el universo sigue respondiendo a su infinito poder determinista.

Obviamente es la voz de nuestra vanidad la que habla, herida por la frustración y reclamando el control total sobre nuestro fracaso. (Un estúpido premio de consuelo que nos concedemos algunas veces, cuando no hemos conseguido ser gestores de un éxito.)

Según cita Paul Tabori, Albert Einstein decía que sólo conocía dos cosas infinitas, el universo y la estupidez humana, y que esta última se hacía ostensible cada vez que después de hacer lo mismo de siempre, el hombre esperaba un resultado diferente. A la luz de esta frase, la respuesta a la pregunta de "¿por qué me sucede siempre lo mismo?", deberíamos contestar: sencillamente porque me he conducido del mismo modo… otra vez.

Descartada la idea de que las personas elegimos de forma deliberada cosas que nos dañan y habiendo aprendido que no nos llenan esos argumentos que nos enarbolan en la bandera de echarle la culpa a alguien, aterrizaremos en aceptar (a veces a regañadientes) que deberíamos cambiar de rumbo admitiendo que el camino habitual, aprendido o mandado, no funciona y que debe ser reemplazado… y sin embargo no avanzamos. ¿La razón?… Desde algún recóndito lugar de nuestro más frío intelecto resuena una alerta que nos avisa, con luces rojas, amarillas y azules, que este otro modo de actuar ¡va en contra de la idea que tenemos de nosotros mismos! Dicho de otra manera, la nueva conducta, aunque quizás a todas luces suena más efectiva y nutricia se opone a lo que yo y los demás creemos que soy, que por supuesto es igual a decir que se opone a "lo que siempre fui"… (como si ésa fuera una buena razón para descartar una actitud diferente).

Para salir de este círculo vicioso, que es lo que llamamos la "cárcel de la identidad", deberemos aceptar que tal vez no somos quienes pensábamos que éramos, o por lo menos que no somos sólo eso; deberemos dejar en el camino alguna de las "cualidades" que más apreciamos de nosotros mismos y cuestionar aquellas características de las que con demasiada frecuencia nos ufanamos sin razón ni mérito.

Nuestra educación en su permanente actitud regente nos hace saber, desde muy temprana edad, lo que se nos está permitido hacer y pensar, y lo que no; nos propone y condiciona un argumento, un guion y una determinada forma de interpretar el mundo a nuestro alrededor acorde a esa visión; nos ayuda a armar un programa "correcto y aceptable" para nuestra vida, que contemple la presencia de algunas virtudes y defectos que conviene desarrollar y sostener, aunque no nos pertenezcan del todo. Son las conductas y maneras de actuar y de pensar que hemos desarrollado desde los primeros años de nuestra infancia para encarar esa permanente necesidad de ser queridos, mirados y aceptados. Es un condicionamiento derivado de nuestra indefensión de entonces frente a los adultos del entorno, de quienes aprendimos —más por imitación que por mandato directo— que debíamos temerle al rechazo de los demás y en un nivel mucho menos consciente a lo que podría tener consecuencias imprevisibles, como el imaginario abandono de los padres y fantaseado retiro definitivo de su afecto.

Desde pequeños vamos construyendo nuestra identidad, esa parte de nosotros a la que nos referimos cuando decimos "Yo": un espacio de pocas sorpresas y de pocos cambios, una "zona de confort" a veces no demasiado confortable, un espacio interior al que nos hemos acomodado, aunque no sea siempre demasiado cómodo.

Aquí también aparece la nefasta palabreja *apego*, presente en la actitud de permanecer aferrados a una posición, una situación o una relación, creyendo que nuestra vida (o al menos nuestra integridad) depende de ellas. Sin embargo, si nos damos cuenta de que nuestro "ego" (como se suele llamar a nuestra vanidosa estructura de personalidad) es también una posesión; nuestra identidad, una situación; y nuestro vínculo con nosotros mismos, una relación anquilosada y condicionante, comprenderemos que deshacernos de las ideas rígidas que tenemos acerca de cómo "somos" es un importantísimo escalón en el camino del crecimiento.

Gran parte de nuestro Yo está conformado por capas y capas de personajes, hábitos, creencias y prejuicios, que alguna vez ciertamente nos han defendido de amenazas reales e imaginarias. Pero… ¿LO SEGUIRÁN HACIENDO?

Cuando le preguntaban a Nietzsche quién era él, el genial filósofo contestaba: "¿Yo?… ¡Yo soy una batalla campal entre todos los aspectos de mí!".

Abandonar la cárcel de la identidad significa, primero y fundamental, renunciar para siempre a la justificación inapelable de "yo soy así" (reemplazándola, aunque sea en el interior por la más sincera de "yo, a veces, soy así también). La propuesta "de máxima" sería, algún día, deshacernos de todo aquello que consideramos que somos, comenzando por nuestro YO más interno y controlador, esa parte de nosotros que quiere tener el manejo de nuestra vida, nuestro rumbo y nuestros deseos (y de pasadita también de la vida, el rumbo y los deseos de los demás).

Y aclaro que no hablo aquí de estructuras psicológicas complejas ni sofisticadas, ni de terminología reservada para "iniciados". Hablo de cuestionar las actitudes, decisiones y definiciones de esa persona a la que nos referimos cada vez que decimos "Yo". "Ese" o "esa" que piensa lo que pensamos, cree lo que creemos, decide qué hacer según su experiencia y finalmente lo hace, como mejor puede o como lo ha aprendido a hacer a lo largo de su historia, intentando así definirme frente a mí y frente a los demás.

Si partimos de la comprensión de que **definir** es **acotar**, nos daremos cuenta de que este condicionamiento identitario no es, ni tiene por qué ser, eterno. Podemos (y debemos) crecer, y eso significa, como ya hemos dicho, llegar más allá, expandir fronteras. La vida, esa que vale la pena vivir, es por fuerza un riesgo, que encerrados en la cárcel aparentemente segura de "lo que siempre fue, es y será así", pretendemos esquivar.

Pero atención, porque atrapados en la rígida postura que sostiene el inapelable "yo soy así o yo no soy de esa manera" terminaremos tarde o temprano prisioneros de nuestra identidad, achicando nuestra frontera de contacto, limitados por nuestra propia dimensión del mundo (el interior y el exterior); acabaremos apagándonos poco a poco, como la llama de un cerillo, desperdiciando nuestra vida distanciándonos de todos a nuestro alrededor, ya que inmersos en los prejuicios de nuestra zona de confort viviremos cada situación nueva como una amenaza y a cada uno de los otros como un enemigo.

Suelo contar la historia de aquel alpinista que intentaba hacer cima en el Aconcagua.

En su tercer intento una tormenta terrible lo sorprendió en la mitad del ascenso. La noche cayó de pronto y una nevada apareció en pocos minutos para complicar el desafío. Subiendo por un acantilado, a sólo cien metros de la cima, el alpinista resbaló y comenzó a descender a gran velocidad, con la terrible sensación de ser succionado por la gravedad.

Los momentos más importantes de su vida pasaron frente a sus ojos, y él se dio cuenta de que había pocas posibilidades de salvar su vida.

De repente sintió un tirón muy fuerte que casi lo parte en dos… Una de las cuerdas de seguridad, que el mismo había clavado más arriba, había detenido su caída. Se aferró a ella con todas sus fuerzas; aunque todavía no estaba a salvo, colgado de esa soga en medio de la montaña, era muy posible que la tropilla de rescate que saliera a buscarlo nunca lo encontrara o llegara demasiado tarde.

En esos momentos de tensión, tiritando de frío, ciego por la nevada y con el cuerpo lastimado, una voz interior le susurró:

—No hace falta este sufrimiento inútil… ¡Corta la cuerda!

El alpinista se aterró de lo que pasaba por su mente.

Él siempre había sido alguien que no se rendía. Siempre había resistido más que nadie.

Siempre había sido fiel a su espíritu de lucha.

—¡Nunca! —se gritó, para darse ánimos.

El diálogo se mantuvo así por muchas horas hasta que, rendido, el alpinista se desmayó.

Cuentan que el equipo de rescate lo encontró colgado de su cuerda, justo frente al refugio, a medio metro del suelo. Sólo después comprendió que si hubiera escuchado su voz interna, soltarse de la cuerda le habría evitado su tremenda agonía.

La gran llave de una buena calidad de vida es concedernos el derecho de cuestionar aquellas pautas y darnos los permisos de explorar con curiosidad e interés todo lo que nuestro cuerpo, alma y espíritu nos demanden. Es necesario pues vivir en el presente con intensidad y compromiso cada minuto, aprender de los hechos, sean éxitos o fracasos para poder así producir y aceptar los cambios, los de afuera y los de adentro, que nos permitan una vida mejor, más en línea con nuestros mejores propósitos.

Aprendamos entonces a reescribir con consciencia y responsabilidad el guion que estaba determinado por los mandatos de nuestra educación y luchemos sin pausa con los condicionamientos que arrastramos desde aquel entonces: démonos cuenta de que aquellos estaban atados a un mundo que ya no es, y a un nosotros que ya no somos. Animémonos a re-emplazar aquel proyecto que nuestros padres y maestros sembraron en no-sotros por uno realmente propio, absolutamente alineado con los propios gustos y apetencias de nuestro ser, aquí y ahora.

Si lo logramos nos quedará sólo una tarea más: el de contribuir como padres, como maestros, como jefes de una empresa, como dirigentes o como simples habitantes de la gran aldea, a que cada persona, niño, adul-to o anciano se conceda este permiso.

Encontrar a mi par

Imagina conmigo que juntamos en un espacio enorme a todos los hombres y mujeres que, explícitamente al menos, se declaran dispuestos a estar en pareja pero no lo están. En plática de amigos todos coinciden en la queja (poco comprensible) de que "no hay hombres" o "no hay mujeres"…

Invitemos a esa reunión a las personas que se lamentan de estar solos sosteniendo que "no tienen suerte" en el amor…

Sumemos a los cientos de miles de habitantes de nuestro planeta que se autodefinen como "difíciles" o "complicados" y se sienten por lo tanto dudosamente aptos para aspirar a una relación amorosa genuina…

Convoquemos a todos aquellos que hoy, mucho tiempo después de una pérdida o fracaso amoroso, siguen "elaborando" el doloroso final, voluntariamente anclados a su duelo eterno, esquivando la posibilidad de darse nuevas oportunidades. Agreguemos finalmente a todos los que sin haber pasado por malas experiencias, más bien alineándose con algunos dudosos planteamientos filosóficos, han decidido renunciar a la idea de estar en una pareja estable alguna vez…

Con todos estos solos y solas congregados frente a nosotros, una problemática por lo menos inquietante nos invade respecto del futuro de las relaciones trascendentes y nutritivas entre hombres y mujeres. Semillas de las parejas y familias que, para muchos, sigue siendo el núcleo básico de la sociedad, tal como la conocemos.

En lo personal no pertenezco al club de aquellos que creen que no es posible vivir plenamente si no se está en pareja, pero sí estoy entre los que estamos seguros de que un proyecto de vida compartido con alguien que amamos y nos ama tiene muchas más posibilidades de florecer y trascender.

Repito algo que tú sabes: no somos autosuficientes, ni siquiera a la hora de conocernos totalmente. Algunos aspectos de lo que somos están ubicados en lo que se llama el punto ciego de nuestra percepción, y así como necesitamos un espejo para mirarnos nuestro rostro, necesitamos de la mirada de alguien más para vernos completos.

Me dirás que ese espejo no tiene por qué ser la mirada de tu pareja, y es verdad. Sin embargo, como profesional de la salud, te aseguro que no hay espejo más fiel que aquel que nos regalan los ojos de quien comparte tu vida, cotidianamente.

Me dirás que hay espejos que deforman demasiado la imagen y te devuelven una mirada que poco tiene que ver con tu realidad; que hay miradas que proyectan más de lo que realmente ven; que hay, en fin, espejos claramente incompatibles con tu necesidad de saberte mejor… y también es verdad. Cualquiera es o podría ser un espejo donde encontrarse, pero no cualquiera puede ser tu mejor espejo para ese fin.

Supongamos que acuerdas bastante con lo dicho y que decides dejar de pertenecer a este grupo de los solos y solas. Parece inevitable buscar a quien tenga el coraje y la sabiduría para dar una respuesta a cómo se encuentra ese espejo "ideal" que nos podría ayudar a crecer.

Avanzo en el sueño, encontramos al sabio de las mil y una respuestas y nos acerca al hombre y a la mujer buscados… ¿ya está? No, claro que no.

Tenemos la persona identificada (¿qué fácil sería verdad?), pero todavía nos queda por enfrentar un último escollo: un inevitable desafío. Solamente en el transitar de lo que suceda entre esas dos personas se puede descubrir el ajuste fino que hace a una pareja armónica o conduce a una "guerra de los Roses".

Encontrar a la persona adecuada no cancela el riesgo de sufrir o fracasar. Estar en pareja implica la aceptación del peligro de un nuevo error.

Cualquiera de nosotros, aunque no sea un experto, evalúa, intuye, se da cuenta de cuáles son las cosas que debería mirar y valora a la hora de

elegir un auto, una casa o una prenda de vestir, y decide; pero cuánto más difícil es (lógicamente) elegir una persona a la que esté dispuesto a abrirle mi corazón y arriesgarme a sufrir.

¿Siempre es un riesgo abrir mi corazón?

No puedo ni quiero mentirte…

¡Sí! Pero vivir lo es, por lo menos vivir como yo pretendo vivir y como deseo que tú vivas.

Claro que hay riesgos inherentes, pero también hay imprudencias alocadas.

Alguna vez hice mía una frase que me dijo un gran amigo: "Es arriesgado lanzarse a la alberca sin saber si hay agua, pero es una locura y no un riesgo, lanzarse a la alberca ¡sin saber si hay alberca!".

Ahora podemos agregar una más a nuestras preguntas: ¿cómo se sabe si hay alberca? y ya que estamos… ¿cómo prever si hay agua suficiente para no romperse la cabeza en la primera zambullida?

Como ya sabemos (o deberíamos saber) las certezas no habitan en el mismo planeta en el que ocurren las relaciones interpersonales, mucho menos al principio de cada vínculo. Justo después de mucho tiempo, si hay suerte, aparecen, en algunos casos, las tibias y efímeras ilusiones de certezas, que nunca llegan del todo (es la pura verdad) hasta que la muerte los separe.

Me gusta pensar que una pareja trascendente se apoya en un trípode de factores:

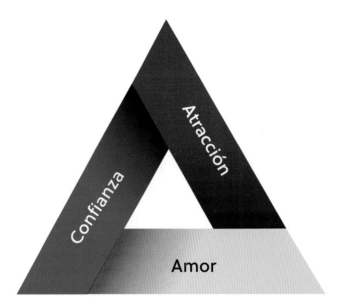

Factores que posiblemente se desarrollan casi siempre desde una semilla poderosa que es la subjetiva y placentera sensación mágica del "encuentro de almas"; algo difícil de definir, pero que todos los que hemos pasado por él recordamos con claridad y que los que nunca lo han experimentado reconocerán de inmediato cuando les ocurra.

Ser compatibles emocionalmente no es un tema de similitud de gustos ni de coincidencia de opiniones; no se trata de que los dos disfrutemos de las mismas cosas ni de que compartamos una misma ideología o soñemos cada noche exactamente los mismos sueños. Estas semejanzas podrían ser sólo anecdóticas en algunos casos y hasta "empobrecedoras" en muchos otros.

La verdadera compatibilidad radica, recuerda, en la armonía de las diferencias y en nuestra disposición a aprender de esas virtudes, características o habilidades de los que nosotros carecemos. El mejor de los encuentros se signa por lo complementario y no por lo idéntico, y aquel no es resultado de una coincidencia sino también de una construcción activa del vínculo.

Otra vez, el libro que más me gustado en la vida, llega a nuestro rescate:

—¡*B*uenos días! —dijo el zorro.

—*¡Buenos días! Qué bonito eres… —respondió el principito—. ¿Quién eres tú?*

—*Soy un zorro —dijo el zorro.*

—*Ven a jugar conmigo —le propuso el principito—, ¡estoy tan triste!*

—*No puedo jugar contigo —dijo el zorro—, no estoy domesticado.*

—*¡Ah, perdón! —dijo el principito.*

Pero después de una breve reflexión, añadió:

—*¿Qué significa "domesticar"?*

—*Tú no eres de aquí —dijo el zorro—, ¿qué buscas?*

—*Busco amigos —le respondió el principito—. ¿Qué significa "domesticar"?*

—*Es una cosa ya olvidada —dijo el zorro—, significa "crear lazos… "*

—*¿Crear lazos?*

—*Efectivamente, verás —dijo el zorro—. Tú no eres para mí todavía más que un muchachito igual a otros cien mil muchachitos. Y no te necesito. Tampoco tú tienes necesidad de mí. No soy para ti más que un zorro entre otros cien mil zorros semejantes. Pero si me domesticas, entonces tendremos necesidad el uno del otro. Tú serás para mí único en el mundo, yo seré para ti único en el mundo…*

—*Comienzo a comprender —dijo el principito—. Hay una flor… creo que ella me ha domesticado…*

—*Es posible… —continuó el zorro—. Sabes… mi vida es muy monótona. Cazo gallinas y los hombres me cazan a mí. Todas las gallinas se parecen y todos los hombres son iguales; por consiguiente me aburro un poco. Si tú me domesticas, mi vida estará llena de luz. Conoceré el sonido de tus pasos y sabré que son diferentes a todos los demás. Los otros pasos me hacen esconder bajo la tierra; los*

tuyos me llamarán fuera de la madriguera como una música. Y además, ¡mira! ¿Ves allá abajo los campos de trigo? Yo no como pan y por lo tanto el trigo es para mí algo inútil. Los campos de trigo no me recuerdan nada y eso me pone triste. ¡Pero tú tienes los cabellos dorados y será algo maravilloso cuando me domestiques! El trigo, que es dorado también, será un recuerdo de ti. Y amaré el ruido del viento en el trigo. Por favor… domestícame

—¿Qué debo hacer? —preguntó el principito entusiasmado.

—Debes tener mucha paciencia —respondió el zorro—. Vendrás cada día, te sentarás al principio un poco lejos de mí, así, en el suelo; yo te miraré con el rabillo del ojo y tú no me dirás nada. El lenguaje a veces es fuente de malos entendidos. Y cada día podrás sentarte un poco más cerca…

El principito volvió al día siguiente.

—*Hubiera sido mejor que vinieras a la misma hora* —*dijo el zorro*—. *Si vienes, por ejemplo, a las cuatro de la tarde, desde las tres yo empezaré a ser dichoso. Cuanto más avance la hora, más feliz me sentiré. A las cuatro me sentiré agitado e inquieto, descubriré así el precio de la felicidad. Pero si tú vienes a cualquier hora, nunca sabré cuándo preparar mi corazón… Los ritos son necesarios.*

De esta manera el principito domesticó al zorro…

Y, como suelo agregar cuando cuento esta historia…

El zorro, claro, domesticó también al principito.

Demasiadas veces, el verdadero encuentro se apoya en la capacidad de valorar cada uno en el otro esos aspectos que muchos podrían considerar "sus defectos" y nosotros definimos como "nuestras diferencias", pero que nos resultan, a veces, maravillosos y atractivos… Un vínculo "domesticado", como dice Antoine de Saint Exupéry, nos permitirá expandirnos en una relación verdaderamente trascendente y encantadoramente complementaria.

Quizás un último comentario para ingenuos:

El sólo desearlo no alcanza para encontrar a la persona "indicada"…

Y sin embargo…

El hecho de pensar que lo que busco es imposible, alcanzará sin duda para que el pretendido encuentro nunca suceda.

De la decisión a la acción

educir la conducta humana a un mero esquema de estímulo-respuesta sería no sólo una absurda simplificación, sino también una muestra del desconocimiento supino de la complejidad de nuestra infinita gama de posibilidades y recursos. Sigue siendo cierto, no obstante, que cada conducta tiene una finalidad (sea autoplástica, aloplástica o descriptiva) y que la intervención eficaz es el desafío al que permanentemente nos enfrentamos, tanto más cuanto más importante y trascendente sea lo que está en juego.

Cualquier conducta que pretenda un fin determinado requiere, previa o simultáneamente, de la presencia de cinco elementos, que aparecen más o menos en este orden:

> Intención
> Evaluación
> Decisión
> Pasión
> Acción

Intención y evaluación

Antes o después de hacer un afinado diagnóstico de la situación debo aclararme acerca de cuál es mi propósito. Ninguna acción puede ser eficaz si no está vinculada a un determinado fin, si no está en función de una necesidad propia o de un grupo, si no tiene un sentido conocido. Aunque parezca demasiado obvio, vale la pena recordar que es difícil comenzar el camino en la dirección adecuada si desconozco hacia dónde me dirijo, y que difícilmente consiga mucho si no sé desde dónde parto. Sin cumplir estas dos condiciones, aunque avancemos, estaremos caminando entre tinieblas, "como si giráramos desconcertados en un espacio de telones grises" (para utilizar la hermosa y dramática imagen de Hamlet Lima Quintana).

Decisión

La elección del cómo, la medida de nuestros recursos, el momento de la iluminación, pertenecen al reino del talento. Y es bueno dejar por escrito que todos tenemos aspectos más sanos, más maduros y más sabios que otros, que todos tenemos facetas que brillan con especial intensidad, que todos anidamos un lado genial.

Este talento del que hablamos no se define solamente con base en cuántas personas harían esto mejor o peor que yo, ni con base en cuanta aprobación despierta mi desempeño; sino que se determina en función de aquello que sé que hago bien, o por lo menos tan bien como otros. Repito, aunque parezca un juego de palabras, que no se trata de lo que hago mejor que otros (aunque así sea), sino de aquello que sé hacer mejor que como hago otras cosas, entendiendo que ese "mejor" no habla de resultados. En este contexto lo mejor es la facilidad especial con la que encaro esa tarea, es mi capacidad para interpretar y modelar normas preestablecidas, la tendencia permanente a encontrar nuevas y propias maneras de desarrollar un propio modo de hacerlo, creativo y diferente. De alguna forma, nuestro talento particular parece conseguir la alquimia de que una tarea nos parezca fácil y placentera, cuando a otros les resulta tortuosa y aburrida.

El talento es ese conjunto de habilidades, actividades, tareas, disciplinas o áreas, en las que nos movemos con especial soltura, alegría y eficacia. Casi siempre es producto de dos factores: una cierta información genética que nos ha regalado una determinada capacidad y una activa tarea de desarrollarla.

Es pues una suma de lo innato y lo que hicimos con ello. Puede ser que la naturaleza te haya dotado del más refinado oído musical, de la más adecuada estructura ósea, y de los dedos que más fácilmente pueden moverse sobre un teclado; sin embargo, nunca conseguirás que emane de ti el más talentoso de los pianistas si no te dedicas, con disciplina y consecuencia, a ejercitar esos dones sobre un piano, durante muchos años.

Pasión

Permíteme volver sobre algo de lo que tantas veces he hablado, la reveladora frase de Alfred Korzybski:

> El mapa no es el territorio.

El mejor dibujo de una rosa no huele a rosa. Todo lo que pueda decirse del amor es nada si nunca lo has sentido. Es la emoción y el compromiso con la vida lo que le concede sustancia a lo vivido. Son las pasiones las que diferencian la vida de la geografía.

La pasión es la energía de la acción, el combustible de tus músculos, el fuego sagrado de tu conducta. Sin la pasión, seguirás siendo un espectador impávido de tu existencia aunque ayer, hoy y mañana estés en el centro del escenario. Y aunque todos te aplaudan o te abucheen, tú no estarás allí, si en tu papel de cada momento no está involucrado el corazón.

Acción

Pregunta un viejo acertijo iniciático: haciendo equilibrio sobre un tronco, cinco ranitas son arrastradas por el río, hacia una caudalosa cascada, hacia una muerte segura, hacia un cruel destino. Al pasar cerca de la orilla, tres de ellas deciden saltar. ¿Cuántas de nuestras protagonistas conseguirán salvarse?

La respuesta correcta, con los datos que tenemos, es: ¡NINGUNA!

¿Por qué?

Porque decidir saltar, no es saltar.

Encontrar la salida no es salir.

Planear no es hacer.

Para modificar una realidad, sea interna o externa se necesitan todas estas cosas de las que hablamos y muy especialmente se necesita que en el final aparezca la acción.

Hace muchos años, América transitaba un duro momento de luchas ideológicas, de banderas enfrentadas y de futuros impredecibles. Fue allí donde la canción y la poesía se pusieron al servicio de la protesta y su arte se volvió herramienta. Fue en ese tiempo en el que Silvio Rodríguez compuso "La maza" y la gran Mercedes Sosa la cantó por todo el mundo.

Su letra sigue emocionando hoy a quienes, sin vivir aquel proceso, comprenden el lamento de dejar nuestras cosas a mitad de camino

> ¿Qué cosa fuera, corazón, qué cosa fuera?
> ¿qué cosa fuera, la maza sin cantera?
> Si no creyera en lo que creo,
> si no creyera en algo puro...
> si no creyera en lo más duro,
> si no creyera en el deseo,
> si no creyera en cada herida,
> si no creyera en lo que duele
> si no creyera que uno puede,
> hacerse hermano de la vida...
> ¿Qué cosa fuera, corazón,
> qué cosa fuera, la maza sin cantera?

Un amasijo hecho de cuerdas y tendones,
un revoltijo de carne con madera,
un instrumento sin mejores resplandores
que lucecitas montadas para escena...
¿Qué cosa fuera, corazón, qué cosa fuera?
¿qué cosa fuera, la maza sin cantera?

Seguramente debería terminar aquí este pequeño análisis, pero mi pasión me impide renunciar al placer de compartir contigo este cuento:

El joven Wen descendía de una antigua familia de letrados. Sin embargo, jamás había mostrado el menor interés en lo jurídico y había fallado todos los exámenes para ser un par de los suyos. Desde pequeño le había apasionado la música y pasaba horas tocando un viejo laúd que había encontrado olvidado en un desván. Tiempo después, hostigado por los reclamos de su padre, que lo quería mandarín, abandonó la casa familiar y comenzó a deambular como músico ambulante.

Una tarde, Wen tocaba una melodía trillada en la plaza de un pueblo cuando vio entre los oyentes al viejo Tzu, el más reconocido maestro de laúd de toda China.

—Maestro, ¿qué te ha parecido mi música? —preguntó Wen, ávido de un halago, aunque fuera pequeño, de un maestro de su talla y fama.

—Tienes talento —respondió el viejo—, pero no ha florecido aún. Tu canto podrá alegrar a unos cuantos aldeanos, pero no cautivará a los pájaros.

Esa noche Wen siguió al anciano hasta un claro del bosque en el que el hombre sacó su propio laúd y entonó una canción.

La melodía hizo aflorar las lágrimas de los ojos del joven Wen, quien creyó ver entre los árboles a las criaturas del bosque que se habían detenido a escuchar, cautivados por la música.

Luego de aquello, Wen se acercó al anciano y le rogó que lo aceptara como discípulo.

El viejo aceptó y Wen pasó los siguientes años junto a él, estudiando y practicando a su lado, recibiendo sus correcciones y regaños, pacientemente.

Hasta que llegó un día en que el maestro le dijo:

—Te he enseñado todo lo que sabía. Te he llevado hasta el umbral de nuestro arte. Ahora eres tú quien debe atravesarlo. Busca tu música dentro de ti.

Como toda respuesta Wen tomó el laúd y pidió permiso para tocar una canción en honor al invierno que llegaba.

El maestro aceptó la ofrenda y Wen comenzó a tocar.

Al cabo de unos pocos minutos el maestro le quitó bruscamente el laúd de las manos a Wen y lo estrelló contra un árbol, haciéndolo trizas.

—¡Escucho las notas, están perfectas… pero tu música está vacía! Mueves los dedos pero nada sucede en tu alma.

Durante unos minutos ambos permanecieron en silencio, parecía que los dos contenían el llanto.

—El fracaso de un alumno es sobre todo el fracaso del maestro —siguió diciendo el anciano—. No volveré a tocar… Toma mi laúd y practica tu canción al invierno. Cántale a las nieves y a los hielos, no a mí, que no lo merezco.

Sin poder articular palabra, Wen vio cómo su maestro se dirigía hacia el lago, decidido. ¿Es que acaso se ahogaría? La perspectiva de que su ineptitud musical costara la vida a un maestro como Tzu le resultaba desoladora. Imaginó un mundo sin su maestro, sin su música, un mundo sumido en un invierno eterno…

Casi sin pensarlo, tomó el laúd de Tzu y comenzó a tocar. La tristeza lo había invadido, las lágrimas caían por su rostro y Wen comenzó a sentir cada vez más frío. El viento helado golpeaba sus mejillas y unos copos de nieve comenzaban a caer, blanqueando todo el paisaje.

Sin dejar de tocar, Wen levantó la vista: su maestro parecía caminar sobre el agua.

Pero no era así. La superficie del lago, que había escuchado la música del joven, se había enterado de que el invierno había llegado y se había congelado.

Un segundo después, el maestro ya no estaba allí; en su lugar había una hermosa grulla blanca. Cuando el joven músico cruzó miradas con el animal, éste levantó el vuelo y comenzó a alejarse dando unos graznidos que, desde la orilla del lago, parecían risas.

Una nueva medicina, una nueva salud

En los últimos años y desde el descubrimiento del genoma humano hasta aquí, la medicina ha estado dando pasos gigantes hacia descubrimientos tan sorprendentes como importantes. Los nuevos hallazgos permiten encontrar nuevas y diferentes explicaciones para algunos de los problemas irresueltos de la medicina tradicional y encarar desde allí soluciones novedosas y efectivas. Algunas investigaciones están demostrando o confirmando, con datos incuestionables, los vínculos forzosos entre algunas sustancias que circulan en nuestro cuerpo y nuestra conducta cotidiana, en todos sus aspectos: social, laboral y afectiva. Y otro tanto sucede con los estudios de las rutas internas de esas poderosas sustancias, su producción, eliminación y acumulación en nuestro organismo.

En la medicina que se estudiaba en la facultad hace más de cuarenta años, cuando me gradué de médico, se descartaba que las neuronas pertenecían en exclusividad al tejido cerebral y que allí, especialmente en la corteza, sucedía todo el pensamiento y se diseñaba la totalidad de la conducta, la emoción y cualquier otra respuesta humana a un estímulo externo o interno. Hoy se sabe que esto no era así. Se han descubierto células nerviosas, con las mismas características que las neuronas cerebrales en varios órganos del cuerpo, muy especialmente en el corazón y en el aparato digestivo. De alguna manera podríamos aceptar, hoy por hoy, que se piensa no sólo con el cerebro, sino también con el corazón y con las tripas.

Para muchos investigadores, el aparato digestivo funciona exactamente como un segundo cerebro; una red neuronal compuesta por más de cien millones de células ubicadas entre las dos capas musculares del tubo digestivo, y que parecen tener las mismas capacidades de sus similares del cerebro craneal, incluida la posibilidad de liberar algunos neurotransmisores, importantes si no imprescindibles para el funcionamiento adecuado del sistema digestivo (incluido el mecanismo de absorción de nutrientes y la eliminación de deshechos y tóxicos). Quizás ésa no sea la gran sorpresa de estos hallazgos, pero sí lo es comprobar que estas "neuronas" también actúan en la regulación de funciones cognitivas emocionales o intelectuales y en la manutención de un buen sistema inmunitario.

El mejor ejemplo de esto último es el metabolismo de la serotonina, un endofármaco que se asocia a la felicidad y el bienestar y que hasta ahora se creía habitando en el ámbito cerebral, pero que ahora aparece en cantidades importantes entre las sustancias que produce el cerebro intestinal (se supone que más de las tres cuartas partes de la serotonina de la que dispone nuestro cuerpo se generan allí).

Otro tanto sucede con el "cerebro" cardiaco, donde anidan otros tantos millones de "neuronas" alejadas del sistema nervioso central, pero interrelacionadas con él y con la totalidad de nuestro ser, incluyendo cada una de sus respuestas físicas o emocionales.

Escribo esto y me doy cuenta de que nada de lo dicho debería sorprendernos demasiado. Es que acaso, cuando estamos tensos o angustiados, ¿no decimos que tenemos un "nudo en la panza", no hablamos de "mariposas en el estómago" cuando estamos enamorados, no se nos "afloja el intestino" cuando tenemos miedo?

Hay cada día más evidencias que sugieren que una flora intestinal equilibrada sería fundamental para el bienestar de la persona. Millones de bacterias son habitantes normales del intestino sano y ayudan a nuestro cuerpo a funcionar adecuadamente. De hecho, una flora intestinal alterada crónicamente por cualquier motivo suele ser la causa de varias enfermedades como alergias, diarreas, jaquecas, pólipos, divertículos y hasta algunos tipos de lesiones precancerosas; por eso los nutricionistas comienzan a recomendar unánimemente el consumo de ciertos alimentos ricos en bacterias saludables (tipo lactobacilos y bifidobacterias), como algunos yogures y otras leches fermentadas, cuyo consumo podría balancear la flora intestinal y a partir de allí favorecer la recuperación de la salud y la aparición de cierto bienestar psicológico.

Es muy interesante y llamativo el experimento realizado con ratones de laboratorio nacidos sin flora intestinal y que muestran desde el inicio comportamientos radicalmente diferentes en su conducta social, con rasgos que podríamos llamar "autistas" o "agresivos". En ellos, el restablecimiento de la flora natural redujo la conducta ansiosa y hostil, disminuyendo en igual medida su nivel de cortisol en la sangre, una de las sustancias relacionadas con el estrés tanto en animales como en humanos.

La ciencia viene confirmando, pues, lo que la fusión de conocimientos entre Oriente y Occidente ya venía anticipando. El ser humano es un todo interconectado, un milagro de desequilibrios en armonía que incluyen aspectos que sólo se pueden separar en teoría y con fines puramente didácticos, pero que en la realidad se someten después al concepto holístico de la salud del cuerpo, de la mente y del espíritu, que dicho sea de paso no puede existir la una sin las otras.

Cuenta la leyenda que hubo un tiempo y un planeta en el que vivía un solo habitante llamado Otcel. Ese hombre, único representante de su especie en ese planeta, reinaba literalmente sobre todo lo que había en su entorno, animales, vegetales, ríos y montañas, reinaba sobre el viento, el sol y la lluvia que lo obedecían sin chistar... tan grande era su poder.

A Otcel no se le escapaba que su potestad sobre las cosas era el resultado de su enorme inteligencia. Una noche, mientras el soberano dormía, todos sus órganos se reunieron a los pies de su cama; el cerebro, como era de esperar, presidía la reunión.

—No soportamos más ni tu soberbia ni tu tiranía —le decían todos al cerebro—, nosotros también necesitamos atención, tenemos nuestras necesidades y pretensiones —dijeron todos los órganos en rebeldía.

—Cómo se atreven... —bramó el cerebro—. No son nada sin mí.

—Ni tú sin nosotros —dijo el corazón.

—Reclamamos un trato más justo —dijeron los intestinos, que eran muy fuertes e influyentes.

El cerebro se retiró a sus sueños, dejando a los demás en pleno motín.

El cerebro de Otcel siguió rondando su enojo: "Como se atrevían, después de todo lo que hacía por ellos".

Su memoria recordó viejos enfrentamientos y reflotó antiguos rencores. Hacía ya mucho tiempo que le venía molestando la merma de sangre que padecía cada vez que los intestinos hacían la digestión. Ése era un buen lugar para darles a todos una lección. Dos pájaros de una pedrada..., pensó.

Haciendo uso de sus poderes, el cerebro inhibió, por vía de sus emisarios, todo rastro de hambre y de necesidad de ingesta de nutrientes.

"Ahora comprenderán quién era el que mandaba…", y como beneficio agregado tendría, por fin, todo el flujo sanguíneo a su exclusiva disposición.

Para no hacer larga esta historia sólo puedo contarles que, al despertar, el cerebro de Otcel sostuvo su pretensión de hegemonía sobre el resto del cuerpo y que pocas semanas después, tristemente, Otcel moría de inanición: su corazón debilitado no pudo conseguir convencerlo de su error y cuando en el final su cerebro se dio cuenta de que la destrucción de los demás significaba también su propia destrucción, ya era tarde.

Lo cierto es que no "tenemos" un corazón, dos ojos y un hígado; "somos" nuestro corazón, nuestro hígado y nuestros ojos. Y por eso cuando enfermamos, estamos enfermos globalmente, aunque nuestra patología esté, en ese momento, dañando una parte de nosotros más que otras.

La medicina holística lo muestra en un gráfico de círculos concéntricos en el cual el centro representa el área psíquica, el anillo intermedio es el cuerpo físico y el externo simboliza el área social.

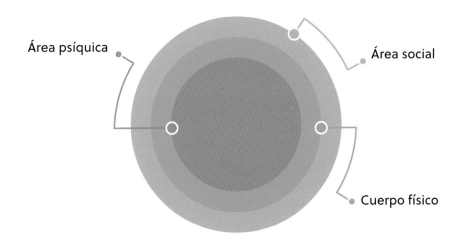

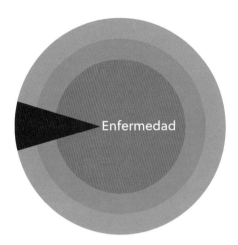

Dicho de otra manera, cualquiera que sea la enfermedad o trastorno, y cualquiera que sea su magnitud o trascendencia, abarcará siempre a nuestro ser como unidad, afectando nuestro pensamiento y sentimientos, nuestro cuerpo y nuestra relación con los demás.

Neurotransmisores aparte, existan o no cerebros alternativos, tú y yo y todos somos unidades completas formadas por partes indivisas que se completan y se complementan; y, por lo tanto, será bueno cuidar y atender todas nuestras "partes". Descuidar a cualquiera de ellas es descuidar a todas.

Si por algún extraño designio estas palabras te hacen asociar lo dicho con el lugar de cada individuo en la comunidad a la que pertenece, no debería sorprenderte. De hecho, cada uno de nosotros es en realidad un órgano de una entidad mayor que nos precede y nos continúa. La comunidad, el grupo de aquellos que tenemos en común los aspectos que nos definen, es motivo y consecuencia de esto que llamamos la doble pertenencia: ésta es el grupo humano al que pertenezco y éste es a la vez mi grupo, que me pertenece. Olvidarlo es un riesgo y quizá también una agorera garantía de un mundo cada vez menos habitable y más amenazado por una desintegración global.

Vivir sin urgencias, difícil realidad

La prolongación de las difíciles situaciones por las que atraviesan nuestros países nos confronta otra vez con la necesidad de hacer uso de todos nuestros recursos para poder seguir adelante. Como en la parábola de las dos ranitas en la crema, se impone buscar, donde sea, la motivación necesaria para seguir intentando salir del aprieto en el que estamos, ya que la opción de dejar de luchar equivale, como en el cuento, a desaparecer.

Embanderados por la genuina contradicción que se nos plantea cuando navegamos entre la inevitable inquietud por lo que vemos que sucede en nuestro entorno, doméstico, comunal, nacional y mundial, y la incansable y necesaria intención de conectarnos con lo mejor de lo que tenemos y con lo más importante de nuestro devenir cotidiano.

Como si fuera poco, la lectura diaria de los periódicos parece ser cómplice voluntario de esta oscilación entre el deseo, el derecho y la casi obligatoria inclinación a disfrutar de la vida, pero sin descuidar la imperativa atención que debemos prestarle a nuestras angustias y el inevitable malhumor que siempre trae consigo la incertidumbre.

Yo que, como siempre digo, pertenezco al equipo de los que trabajamos intentando ayudar a las personas "de la piel hacia dentro" pocas soluciones tengo para ofrecer a una realidad tan frustrante, pocos antídotos para tanto veneno informático, poco paliativo para tanto dolor y temor; excepto quizá por esta propuesta que hoy te comparto, la de un cambio de actitud.

La palabra y el concepto de *aceptación de la realidad* se han vuelto populares en los últimos tiempos, desde la conciencia de los expertos y los

legos acerca de que esta aceptación es un primer paso fundamental en el proceso de lidiar con una realidad indeseable.

Sin embargo, dos malos entendidos nos llenan de dudas respecto de este concepto:

Uno, el de aquellos que dicen, sin fundamentos, que aceptar es resignarse. Y por supuesto que no es así. Resignarse es apretar los dientes y seguir masticando el cabreo asumiendo que no hay nada que se pueda hacer. Volviendo al cuento de las ranitas, resignarse es dejar de patalear y permitir que la crema te trague.

La otra es la de aquellos que sostienen que para aceptar estas cosas habría que elevarse por encima de lo humano y que todo lo humano dejara de importarte: conseguir un estado de satori eterno, un nirvana en el que nada te importe demasiado. Y yo no creo que sea posible ni deseable.

La aceptación, de la que siempre hemos hablado, evoca otro concepto superior y más importante. Es la armonía de aquellos que pueden ver y vivir con intensidad una realidad incómoda y, sin estar dispuestos a ignorarla, son capaces de perder la urgencia de que ocurra el cambio deseado. Los que hemos aprendido a trabajar por las cosas, sin exigir los resultados en lo inmediato.

Y este punto, el de la urgencia o no de resultados y la humana respuesta a esa diferencia, parece ser uno de los determinantes de una actitud mejor o peor adaptada a cualquier realidad, especialmente en situaciones difíciles o frustrantes.

En 1966 un psicólogo de la conducta llamado Walter Mischel diseñó un experimento que se llevó a cabo a lo largo de más de treinta años en la Cátedra de Conducta Humana de la Universidad de Stanford.

Empujado por la compleja actitud de sus hijos (que entonces tenían 3 y 5 años) y en un intento de comprender sus decisiones y elecciones, convocó a más de seiscientos niños de esas edades (entre ellos sus propios hijos) y los sometió al presente test.

Él sentaba a cada niño frente a una mesa en una habitación casi vacía.

En la mesa se le ofrecía un dulce, que al niño le gustara particularmente, la mayoría de las veces un malvavisco.

Luego les decía que él iba a salir de la habitación y que regresaría en quince minutos, con un dulce más y les prometía que si al volver habían resistido la tentación de comerse el malvavisco que estaba en la mesa, él les daría el otro y entonces podrían comerse los dos.

Casi el cien por ciento de los niños, que comprendían perfectamente el desafío, dijeron que esperarían a que él regresara, para poder duplicar su recompensa.

Mischel los felicitaba y salía de la habitación. El niño quedaba a solas con su dulce y su decisión, aunque el equipo miraba, anotaba y grababa cada gesto, cada frase y cada movimiento de los niños mirándolos a través del cristal opaco de la habitación.

Obviamente algunos niños se comían el malvavisco apenas el experimentador dejaba la habitación, otros aguantaban algunos minutos, pero no conseguían esperar al doctor Mischel, y otros, por fin, conseguían no comérselo para poder recibir el segundo dulce.

Ver esas filmaciones (se pueden mirar en internet) es realmente interesante, didáctico y "divertido" (especialmente por las peripecias de los que luchan con la tentación de comérselo de una vez).

¿Podrías adivinar qué porcentaje de niños pudo esperar los quince minutos y se comió después sus dos dulces?

Con algunas variaciones en los grupos étnicos y sociales, los resultados obtenidos por Mischel se repiten cada vez que se hace el experimento. Más de la mitad de los niños (61 por ciento) son capaces de postergar su impulso y reciben la gratificación del segundo dulce.

Quizá lo más interesante del experimento fue producto no del ingenio de la prueba sino de la tenacidad de Mischel al hacer un seguimiento de cada uno de los niños (no sólo los suyos) durante los siguientes treinta años.

Comparando ambos grupos de niños (los que sí pudieron esperar y los que no) el experimento demostró que había una coincidencia absoluta entre los que habían conseguido duplicar sus dulces y los que después demostraban ser más exitosos en todas las áreas (rendimiento académico, popularidad entre sus amigos, vínculos familiares, parejas duraderas, éxitos profesionales...).

No cabe duda, pues, que aquellos que tienen el poder para postergar la satisfacción de un deseo o una pulsión tienen más tarde más capacidades y probabilidades de superar de adultos las metas que se impongan.

Ahora se abría otra pregunta: ¿era el autocontrol una capacidad intrínseca de esos niños (que otros no tenían), había un componente educativo, o era un don que interactuaba con diferentes situaciones aleatorias?

Hace poco más de diez años, un grupo de investigadores de la Universidad de Rochester se propuso demostrar que quizás había algo más para evaluar en el experimento. Para ello modificaron el experimento introduciendo un primer momento en el cual se le pedía al niño que dibujara. El experimentador salía un momento y decía que traería más pinturas de colores aún más lindos. Al volver, la mitad de las veces traía lo prometido (una canasta llena de lápices de colores) y la otra mitad contaba que

lamentablemente no había encontrado más que pinturas iguales a las que había en el cuarto, y que si querían podían dibujar con los que ya tenían. Luego seguía el experimento clásico de los malvaviscos.

Los resultados fueron tan espectaculares como previsibles: el tiempo de espera de aquellos a los cuales se les habían traído los colores prometidos era muchísimo mayor que el de los que habían sido frustrados y dos tercios de ellos conseguían el segundo malvavisco.

El seguimiento posterior determinará que también ellos serán más eficientes y efectivos, pero sabemos ahora que el ambiente, el estado mental del sujeto, su vinculación con el entorno en ese momento y la actitud del experimentador afectan la personalidad y la capacidad de autocontrol, por lo menos tanto como lo innato y lo congénito.

Ambos experimentos confirman pues:
que una de las capacidades que nos habilita para ser más eficaces
    y exitosos,
que una herramienta importante en nuestras vidas,
que un recurso a desarrollar
que un don envidiable
es el de ser capaz de postergar una satisfacción,
el de aprender a demorar la concreción de un sueño,
el de saber esperar el momento de hacer lo hoy quisiera hacer.

El segundo experimento enseña además que esa capacidad dilatoria de la urgencia de satisfacción se puede inducir y aprender, generando confianza en los educadores, en los padres, y en la sociedad a la que pertenecemos.

Volviendo al principio, en los momentos más difíciles, en las situaciones complicadas, cuando todas las previsiones traen malos augurios para nuestro futuro o no se vislumbran en el horizonte los tiempos en los que las condiciones se vuelvan favorables… en esos momentos (como son los que vivimos) aquellos que sean capaces de aceptar la realidad, en el sentido de renunciar a las urgencias, poniendo en juego su fuerza de voluntad, controlan mejor su ansiedad, toman mejores decisiones y multiplican sus posibilidades de llevar su nave siempre a buen puerto.

Y si aprendemos esto quizás podríamos acceder a ser reconocidos como hombres y mujeres valiosos para el concepto de Frederick Nietzsche:

El verdadero valor de un hombre se mide por su capacidad para amar la realidad.

Mucho talento

C ada quien tiene un talento y desarrollarlo es su desafío. En mi experiencia como terapeuta, mis pacientes me han enseñado que demasiadas veces no saben ni sospechan cuáles son sus talentos, y muchas otras, aun sabiendo identificarlos, no tienen claro cuál es el camino que les permitirá aprovechar al máximo esos recursos.

Desarrollar el propio talento nos dicen, pero ¿cómo?, ¿con qué?

Cada uno tiene una historia y hayamos sido arrasados o bendecidos, como personas, como familia y como grupo social, nunca hay otro remedio que armar el futuro desde y con lo que tenemos, aunque esa materia prima y conocimientos nos parezcan insuficientes.

Desarrollar un talento no es crearlo, es hacer crecer un don que ha nacido con nosotros, poniendo en ello esa energía que sólo le dedicamos a las cosas que nos importan y siendo tan astutos como para aprender y utilizar todo lo que otros pueden y quieren enseñarnos.

Pensemos por un momento en todos los pueblos que, en algún momento de su historia, han padecido catástrofes, guerras o graves periodos de crisis que han obligado a la comunidad a rehacerse o renacer desde los cimientos de lo que quedaba: casi todos ellos se han constituido en grandes potencias e influyentes sociedades. De igual forma, cada persona que ha debido superar momentos de hecatombe interna o externa sólo ha podido reconstruirse cuando desde su interior aprendió a confiar en aquellos talentos y recursos que aún guardaba.

Toda persona dispone de una serie de características, aptitudes o vocaciones que puede o no llegar a desarrollar en su vida, desplegándolas a

un ritmo mayor o menor en función de diversas variables que se pueda encontrar en su desempeño. Aunque como decía Émile Zola: "El talento no se enseña, crece en el sentido que le place".

¿En qué consiste el desarrollo de un talento?

Este crecimiento no es un mero un aumento cuantitativo de conocimientos, sino una transformación estructural de alguna habilidad o aptitud de la persona, y como casi todas las cosas buenas y útiles, puede no suceder si contamos solamente con nuestro potencial o únicamente reclinados en la ayuda que los de afuera habrán de acercar. Si bien es lógico y esperable que una mano amiga y el soporte de la educación nos hagan el camino más fácil o menos doloroso, hay que comprender que de poco nos servirá esa ayuda si no le agregamos nuestra propia riqueza, nuestros más guardados recursos, nuestro compromiso y creatividad, nuestra capacidad y nuestro trabajo.

Desgraciadamente, no todos los amigos saben cómo ayudar y no siempre los sistemas educativos están preparados para detectar el potencial dormido. La estructura docente clásica está diseñada para cultivar la inteligencia y el rendimiento, pero no el salto cualitativo de los discípulos más talentosos.

Como dijimos, el verdadero talento se desarrolla a partir de un don natural (entendido como una habilidad más o menos innata), al cual se le van sumando experiencias, aprendizajes, conocimientos y la decisión (indispensable) de salirse del marco referencial que los padres, maestros y demás educadores han aportado.

El desarrollo de este potencial siempre genera emociones intensas y ambivalentes: curiosidad, tensión, ansiedad, angustia, entusiasmo, frustración, alegría, impaciencia, obstinación, quizá porque inevitablemente es un proceso "global" de la persona que la pone en situación de apertura y preparada para nuevos aprendizajes.

Educación y talento

Leo Buscaglia siempre recuerda un episodio que le sucedió en la escuela primaria. Cuenta el viejo maestro que una nueva maestra apareció un día en el aula… ella entró casi corriendo y repartió a cada uno de los alumnos una hoja en blanco y una caja de crayones de colores, para terminar pegando con celo una gran hoja blanca sobre el pizarrón.

"Buenos días, alumnos. Hoy tendremos clase de dibujo", les dijo. "Y por ser la primera vez, vamos a dibujar… un árbol."

Y dice Buscaglia que él y todos pensaron: "Vamos a dibujar. ¡Qué bueno!".

Después ella tomó un crayón y dibujó un gran redondel verde, y justo abajo, un enhiesto rectángulo marrón. Agregó apenas unos cuantos puntos rojos distribuidos al azar en el círculo verde y dijo: "Éste es el árbol. Ahora dibújenlo ustedes, los que terminen pueden salir al patio".

Buscaglia niño enseguida pensó: "Eso parece más un chupa chups que un árbol", pero que se dio cuenta inmediatamente de que cuanto más rápido y más parecido pudiera reproducir el dibujo de la maestra, más rápido podría salir al recreo y llevándose por añadidura una buena calificación (quizá pudiera conseguir una porción extra de tarta de manzana esa noche, gracias al árbol con aspecto de paleta).

Todos pensaron lo mismo, salvo un niño, de nombre Julio, que se sentaba siempre en el fondo de la clase.

Julio también se dio cuenta de que eso no se parecía demasiado a un árbol, pero no supo o no quiso percibir que la tarea pedida no era en realidad "dibujar", sino "copiar". Así que con entusiasmo tomó un lápiz azul, otro naranja, otro rojo y otro verde y con ellos pintó un árbol grande como toda la página. Casi al final de la clase lo entregó orgulloso a la maestra.

Cuenta Buscaglia que el dibujo era realmente hermoso… pero la maestra no parecía estar de acuerdo.

Le dio una hoja nueva y lo hizo quedarse después de clase para copiar su árbol con prolijidad. En el pasillo le mostró el dibujo del niño al director mientras le decía: "Hay que prestar atención a este niño, sospecho que podría tener una lesión cerebral".

Como el mismo autor aclara, en aquella época muchas maestras de dibujo no tenían ninguna formación pedagógica y obviamente sabían muy poco de enseñar dibujo. Me cuesta creer que algo así podría repetirse en nuestros tiempos, y, sin embargo, se podría decir que coexisten, aún hoy, dos modelos educativos.

Uno que utiliza como método la memoria y la repetición, y que tiene como objetivo la acumulación de conocimiento y otro diseñado para fomentar el descubrimiento y la investigación que se plantea como objetivo la apertura de la mente de los alumnos.

El primero, un tanto carcelario y controlador, está basado en la importancia de la transmisión de conocimientos (cuanto más, mejor) y se apoya básicamente en la experiencia de los profesores y en la obediencia del alumnado. Sobrevalora la importancia de los contenidos y, como dije, espera que los alumnos incorporen lo que se les enseña sin modificaciones y sean capaces de reproducirlo fielmente en sus exámenes. El alumno ideal es el que acata sin cuestionar, el que obedece sin chistar, el que toma los mejores apuntes, el que tiene mejor memoria y es más aplicado a la hora de hacer la tarea.

El segundo modelo intenta ser más liberador. Parte de la idea de que sólo se puede conocer algo a fondo involucrándose con ello, es decir, animándose a transformarlo, cambiarlo, acomodarlo, mejorarlo o empeorarlo, modificándose uno mismo en el proceso. Valora la innovación, la exploración y la creatividad, apostando a que el mejor aprendizaje es el que a través de un desafío evoca herramientas conocidas y las pone en juego para elaborar una respuesta integral al problema que algo nuevo siempre supone. El ideal del alumno es aquel que participa activamente preguntando, cuestionando y desafiando a sus maestros, dando lugar a sus aptitudes personales hasta conseguir transformarlas en un talento.

De la misma forma que la ciencia médica no se conforma con diagnosticar sino que trabaja en curar enfermedades, así la educación debería centrarse no solamente en la transmisión de conocimientos sino también y sobre todo en el desarrollo del talento del alumno, sea éste cual fuere.

Una facilidad para determinada área no necesariamente se extiende a otras; hay aptitudes o vocaciones para lo abstracto, lo artístico, lo social o lo físico, y todas pueden crecer si se trabajan, sumando capacidad, compromiso y acción. Hay muchos tipos de talentos, y está claro que ninguno es más importante que otro, salvo aquel que se ajusta exactamente a lo que más se requiere para determinada tarea o en un determinado momento.

Quizá disparado por el recuerdo de Buscaglia o tal vez porque mi principal talento está en recordar y adaptar cuentos a todas las situaciones, me acuerdo ahora de la fábula de Esopo: "El león y el ratón".

*P*aseaba el rey de la selva una mañana aburrida de otoño, sin rumbo ni intención. Se había despertado bien entrado el día y no había sentido el impulso de salir a cazar. De pronto en la maleza, a pocos metros de él, algo se movió. Rápido como ninguno, el león dio un salto y atrapó entre sus garras un pequeño ratón que aterrado trataba de escapar. No era un gran bocado, pero tampoco había sido mucho trabajo atraparlo.

—No me coma, señor león, por favor. Usted se merece un desayuno más suculento, y yo soy tan pequeño y estoy tan flaco que no le daré ninguna satisfacción… Perdóneme la vida y no se arrepentirá… Yo le prometo que no olvidaré su compasión y quizás en algún momento le pueda regresar su buen gesto…

—¿Tú? ¿Hacer algo por mí? Tiene gracia… jo, jo, jo. Tú, ratoncito enclenque, vas a ayudar al rey de la selva… Jo, jo, jo… Hacía mucho que no me reía tanto… Sólo por eso no te comeré… vete, vete ya…

El ratón se dio cuenta de que no era hora de seguir hablando y saltó corriendo a su pequeña cueva.

No haremos larga esta historia que todos hemos escuchado.

Unos meses después, el león cae en una trampa puesta por el hombre y queda prisionero de una red de fuertes sogas. Por mucho que se esfuerza no consigue liberarse y más bien se enreda más y más. El león ya sabe lo que le espera en algunas horas: los cazadores volverán para darle muerte y llevar su piel al mercado y su cabeza como trofeo. Pareciera que nada puede evitar su trágico final… Y de repente, una vocecita se escucha:

—Hola, señor león, es hora de cumplir mi compromiso…

Y sin dudarlo, el ratón se trepa por la red y empieza a roer las sogas con toda su fuerza. Las cuerdas son gruesas pero sus dientes son muy poderosos y su deseo de ayudar al león más poderoso aún.

El ratón consigue cortar las sogas, y librar así al león de una muerte segura.

Volvamos al tema de nuestros talentos.

Hay un talento en lo abstracto o intelectual, que parece ser necesario para los investigadores y los filósofos.

Un talento lingüístico, el de los más geniales poetas y escritores.

Un talento espacial y manual, el de los escultores, los diseñadores y los arquitectos.

Un talento musical, el de los compositores y los músicos.

Un talento estético visual, para los pintores, fotógrafos, dibujantes.

Un talento corporal y físico, imprescindible para los atletas y los bailarines.

Un talento lógico, indispensable para los matemáticos y los científicos.

Un talento intrapersonal, para los que se dedican a la psicología, la tutoría o la docencia.

Un talento social interpersonal, para los vendedores, actores y humoristas.

Y hay, por supuesto, un talento roedor, muy importante para ayudar a leones atrapados por las redes de los cazadores.

Te pregunto: ¿conoces los tuyos?

Epílogo

Una de las mayores dificultades con la que todos nos enfrentamos es la dolorosa decisión de dar por cerrado lo que ya terminó y comenzar a vivir comprometidamente con lo que hoy nos ofrece la vida.

La mayoría de las personas caímos alguna vez en la trampa de empeñarnos en creer (o mejor dicho en querer creer) que las cosas son eternas, especialmente las que sabemos que son efímeras, como por ejemplo:

la presencia a nuestro lado de los seres queridos,
la intensa pasión de nuestros enamoramientos,
la tersura y turgencia de algunas partes de nuestro cuerpo
y hasta el encanto de nuestros hijos mientras son pequeños.
(Por no hablar de nuestra propia vida finita.)

Todos hemos intentado en algún momento lo imposible para no asumir que tal o cual situación es parte de un ciclo que acabó. Todos nos hicimos los distraídos tratando en vano de no perder nada de lo bueno que ese periodo que agonizaba había dejado en nosotros. Y sin embargo, a pesar de nuestros genuinos esfuerzos, la vida no retrocede y el duelo se impone.

Qué bueno sería haber aprendido a transitar por el compendio de los pensamientos, las conductas y los gestos que nos ayudarían a dejar atrás esas odiosas situaciones en las que, el ciclo de las cosas, las decisiones de otros o algún error propio incorregible, nos han llevado a un punto muerto… pero no es así, o por lo menos no es siempre así.

De paso, por qué no admitirlo, a veces nos resistimos a cerrar un ciclo, especialmente para poder escaparnos de la responsabilidad de empezar de nuevo sin eso que terminó; condición necesaria para vivir en plenitud la siguiente etapa de nuestra existencia.

Una metáfora para tener en cuenta

Al atardecer, la caída del sol marca el final de una jornada y da paso, sin prisa, a la noche, que embarazada del nuevo día lo parirá puntualmente al alba. Qué terrible sería que ese ciclo se detuviera, que el día fuera eterno, que la noche nunca acabara. Qué espanto viviríamos si cada día amaneciera en el mismo día, como le sucedía a Bill Murray en aquella maravillosa película *El día de la marmota*.

Las puestas de sol siempre han sido experiencias trascendentes en mi vida. Quizá tenga que ver con mi estructura melancólica; quizá sea el rastro dejado por *El principito*, aquel mágico personaje de Saint-Exupéry que un día vio ponerse el sol cuarenta y siete veces mudando su silla unos metros en su pequeño planeta; quizá sea porque cada atardecer combina simbólicamente el final de algo y el comienzo de otra cosa; quizá sea por otros motivos menos conscientes y también por la suma de todo lo dicho, pero sospecho que si no existieran estas razones seguirían fascinándome las puestas de sol, aunque no sea más porque cada una es, en sí misma, una experiencia estéticamente desbordante.

Un viaje iniciático

Hace unos años, con la complicidad de nuestros amigos Héctor y Graciela, mi esposa y yo decidimos regalarnos una "segunda luna de miel" (excusa tan válida como cualquier otra para gastarse los ahorros de muchos años en un viaje de un mes y poco): un recorrido por las puestas de sol del

Mediterráneo. Como nuestros amigos ya conocían los atardeceres en la Costa Azul y nosotros los de España, acordamos empezar por Estambul.

No voy a ahondar en detalles sobre lo que significaba llegar a Turquía en aquel entonces, pero imagínense aterrizando en un aeropuerto desconocido, donde nadie o casi nadie habla inglés, ni francés (ni qué decir del español), atestado de turcos, croatas, griegos y rusos que conversan incansablemente mientras gesticulan ampulosamente y corren para todos lados como si tuvieran urgencia de ir adonde no van, pero sin demasiado tiempo ni interés en entender lo que uno pregunta.

La policía del aeropuerto hubiera podido ser de ayuda, pero no le preguntamos; llevó un tiempo en Turquía comprender que esos uniformados de bigote ancho y gesto adusto y temerario eran amabilísimos anfitriones. En ese primer momento el pensamiento de los cuatro huía irremediablemente a las escenas de *Expreso de medianoche*.

De todas formas, cualquier incomodidad queda reducida a una nimiedad cuando uno empieza a ver la maravillosa Estambul, una ciudad que es por lo menos tres ciudades, separadas por dos estrechos: el Cuerno de Oro y el Bósforo. Sobre la ladera de una de las orillas del Bósforo almorzamos en un hermoso restaurante (cuyo postre más apetitoso, no en vano, se llamaba "Sunset") y esperamos la primera puesta del sol de nuestro viaje.

Como debes saber, Estambul es la única ciudad que está en dos continentes; de hecho, del otro lado del Bósforo es Asia, cosa que hizo que encantados con lo lúdico de la idea, "terminamos de comer en Europa, nos tomamos un taxi y nos fuimos a tomar el café a Asia".

A las puestas de sol de Estambul siguieron las de Atenas, una en la Acrópolis y otra desde el monte Licabeto.

Maravillosas. Creíamos que nada podía superar esas sensaciones.

Pero nos equivocamos… la siguiente puesta de sol la vimos en Miconos, y nos quedamos literalmente paralizados frente a tamaña belleza, pensando que esta vez sí que nada podría superarla, pero Santorini nos hizo conocer la perfección. Al norte de esa pequeña isla, en un pequeño pueblito pesquero llamado Íos asistimos a lo supremo. Una puesta de sol que cuarenta y cinco fotos disparadas por nosotros cuatro no alcanzaron a retratar.

No queríamos ver nada más, tanto que esa noche, durante la cena, pensamos seriamente en interrumpir el resto del viaje y quedarnos en Santorini para volver a Íos dos o tres veces más.

Afortunadamente no lo hicimos. Animarnos a seguir adelante, superar nuestro enamoramiento de ese pequeño pueblo, tres vuelos en avión y un viaje de dos horas en auto nos llevarían al paraíso: Taormina.

Nada que pueda ser dicho en palabras puede describir esa bellísima ciudad de Sicilia: los paisajes, la gente, la ciudadela en lo alto (donde no entran automóviles) y, por supuesto, el Etna; el volcán que humeando constantemente recuerda que está dormido, pero vivo.

Después de caminar un día por la ciudad, uno comprende algunos dichos de Pirandello y aquel título de Silvina Bullrich de la novela *Te acordarás de Taormina*.

Me acordaré por muchas cosas de este viaje, pero sobre todo recordaré siempre una pequeña conversación que tuve con Giovanni, un hombre

de unos 38 años que atendía un barecito en el pueblo que está enclavado en la ladera este del volcán.

El Etna tiene una ladera por donde el volcán derrama lava cuando entra en erupción y otra llana, más segura, adonde la lava nunca llega. Nicolosi, el pueblo de Giovanni, está construido en la ladera peligrosa.

Un pueblo construido siete veces, una después de cada erupción del Etna.

—¿Por qué construyen este pueblo aquí, una y otra vez?—pregunté, aunque sabía la respuesta.

—Mire… mire —me dijo Giovanni, apuntando su huesudo dedo al Mediterráneo—, mire el mar y la playa, y mire la montaña, y la ciudad… Éste es el más bello lugar del mundo… Mi abuelo siempre lo decía.

—Pero el volcán… —le dije— está activo… Puede volver a entrar en erupción en cualquier momento.

—Mire, *signore*, el Etna no es caprichoso ni traicionero, el volcán siempre nos avisa; jamás estalla de un día para otro —y como si fuera obvio, siguió—: No somos tontos, cuando está por "lanzar" nos vamos.

—Pero ¿y las cosas?: los muebles, el televisor, el refrigerador, la ropa… —protesté—, no pueden llevárselo todo…

Giovanni me miró, respiró profundamente apelando a la paciencia que los sabios tienen con los ilustrados y me dijo:

—¡Qué importancia tienen esas cosas, *signore*!… Si nosotros seguimos con vida… todo lo demás se puede volver a hacer.

A finales de mayo del 2019 las fotografías de todos los diarios mostraban las espantosas imágenes de la lava del Etna, arrasando una vez más, con cada pared, cada árbol, cada balcón y cada flor de Nicolosi. No había víctimas, el pueblo había sido evacuado antes de que la erupción empezara.

Nunca más hablé con Giovanni, pero unos días después de la noticia de la nueva explosión, cerrando los ojos, pude adivinar que, pasado el peligro, Giovanni trepó la ladera con sus vecinos y que, entre todos y en pocas semanas, volvieron a levantar el pueblo, para empezar de nuevo su historia, por octava vez.

Empezar de nuevo lleva más acento en lo **nuevo** que en el comienzo. Sólo recomenzar es otra cosa, difícilmente sea lo mejor y casi siempre es imposible. "Nadie se baña dos veces en el mismo río", sentenciaba Heráclito hace miles de años, resumiendo en una sola frase, dolorosa pero inapelable, la verdad de lo obvio.

Hay, pues, que aprender de Giovanni a empezar "de nuevo" y no otra vez; rescatando de nuestro recorrido anterior el registro de lo aprendido, sobre todo para intentar que sean nuevos los errores de esta nueva etapa.

Volver a empezar es el desafío, pero es necesario darle un nuevo sentido al retorno, hacer nutricio este retroceso; caminar hacia atrás hasta el sitio donde erramos el rumbo o al inicio del camino que condujo al lugar indeseado, para poder así explorar otras elecciones y posibilidades.

Hay, pues, situaciones que se terminan y otras que siguen allí aunque al transformarse dejan de ser lo que fueron. Es virtuoso insistir y perseverar, y también lo es saber dejar atrás lo que ya pasó; pero atención que este último paso nunca debería significar el olvido. Hablo de la memoria de lo vivido y de los lazos afectivos que nos unieron alguna vez a lugares y a personas.

Cuentan que en el receso de una batalla, el general de un poderoso ejército se presentó en el templo Tofuku-ji, donde moraba un monje que cargaba consigo la fama de ser la persona más sabia de su tiempo y la más dotada espiritualmente. Su deseo no era más que el de saludarlo ya que ambos habían compartido tristezas y alegrías de la infancia en una pequeña aldea, no demasiado lejana del lugar donde se levantaba el templo.

Cuando uno de los aspirantes lo recibió en la entrada del templo, el general dijo:

—Dígale al maestro que el general Kitagaki está aquí para verlo.

El discípulo entró en el templo y volvió a salir luego de unos minutos.

—El maestro dice que no puede verlo, dijo que no conoce a ningún general.

—Sin duda se trata de un malentendido. Dígale al maestro que volveré mañana.

Al día siguiente el general volvió a presentarse frente al templo. En el camino había estado pensando que quizás hubiera más de un maestro en el templo. "Seré más claro esta vez", pensó Kitagaki. Así que cuando un discípulo salió a recibirlo le dijo:

—Dígale al maestro Ho, que el general Kitagaki está aquí para verlo.

El joven hizo una reverencia y entró al templo. Al salir, su respuesta fue idéntica a la del día anterior.

—El maestro Ho dice que no puede verlo, y que no conoce a ningún general.

—Dígale que regresaré mañana —dijo otra vez Kitagaki. Antes de retirarse agregó ofuscado—: Y dígale que más le vale no negarse de nuevo.

Ni bien salió el sol la siguiente mañana, Kitagaki se paró frente a las puertas del templo y, utilizando su voz firme y sonora, se anunció frente al aspirante que estaba allí:

—Dígale al maestro que el general Kitagaki, líder del Ejército del Sur, demanda verlo.

Nuevamente el discípulo desapareció dentro del templo y al regresar repitió:

—El maestro dice que no puede verlo pues no conoce a ningún general, ni tiene idea de qué es el Ejército del Sur —y luego agregó—: Pero le envía esto.

Y le tendió al militar un pequeño caballito de madera, el tipo de juguete que habría usado un niño de cinco años.

Entonces, de pronto, aparecieron en la memoria de Kitagaki imágenes de la pequeña aldea en la que había crecido, oyó las voces de los niños corriendo y la suya propia, cuando jugaba con figuras de madera como la que ahora tenía en sus manos. Permaneció un minuto en silencio y luego se dio cuenta de su error:

—Pídele disculpas al maestro. Dile que su viejo amigo Kitagaki está aquí para verlo.

El aspirante volvió al templo y, luego de unos minutos, salió acompañado del maestro que abriendo los brazos hacia Kitagaki dijo:

—¡Viejo amigo! ¡Qué gusto que estés aquí! Hace tres días que te estoy esperando!

Créditos de fotografías

Página 121: Freepik

Página 122: den-belitsky | Freepik

Página 125: sobolevskyi | Freepik

Página 128: jaboo2foto | Freepik

Página 130: Freepik

Página 136: Honza Krej | Shutterstock.com

Página 138: Sunrise Hunter | Shutterstock.com

Página 141: Freepik

Página 146: Pavel Nesvadba | Shutterstock.com

Página 149: Dmitry Rukhlenko | Shutterstock.com

Página 152: lzf | Shutterstock.com

Página 157: DavideAngelini | Shutterstock.com

Página 158: Mykola Mazuryk | Shutterstock.com

Página 162: Freepik

Esta obra se imprimió y encuadernó
en el mes de julio de 2022, en los
talleres de Impresora Tauro, S.A. de C.V., Av
Año de Juárez 343, Col. Granjas San Antonio,
C.P. 09070, Iztapalapa, Ciudad de México.